Sybille Günther

W0190085

Schutzengel sind überall

Mit den himmlischen Helfern das ganze Jahr über
spielen, basteln, tanzen, singen und erzählen

Illustrationen von Annie Meussen

Ökotopia Verlag, Münster

Impressum

Autorin	Sybille Günther
Lektorinnen	Barbro Garenfeld, Ulrike Burgi
Illustratorin	Annie Meussen
Projektleitung	Barbro Garenfeld
Satz	art applied · Medienproduktion Hennes Wegmann, Münster
Notensatz	Ja.Ro. Music, Hünstetten
ISBN	978-3-86702-186-9

1. Auflage
© 2012 Ökotopia Verlag, Münster

Alle Lieder dieses Buches finden Sie
auf der CD von **Hartmut E. Höfele**:

Schutzengel sind überall

Ein himmlisches Hörvergnügen:
engelsgleiche Lieder zum Mitsingen,
Träumen und Abheben

ISBN 978-3-86702-187-6

Die Texte der Lieder aus diesem Buch sowie
alle Liedtexte sämtlicher Ökotopia-CDs stehen
in unserer Datenbank zum kostenlosen Download
bereit: www.oekotopia-verlag.de/liedertexte

Inhaltsverzeichnis

Engele, flieg!

Halten zwei Erwachsene ein Kind an den Händen, lassen es zwischen sich schwingen und rufen: „Engele, flieg!", fühlt es sich gleich wie im Himmelreich. Ob wir am Heiligen Abend mal eben das Fenster für die Engel öffnen und mit einem Glöckchen die Bescherung einläuten, ob wir zur guten Nacht vom Schutzengel erzählen – Kinder lieben Engel! Und so trägt das Engelbild schon von klein auf mit zur Seelen- und Herzensbildung bei.

Ist von Engeln die Rede, werden Kinder ganz still und aufmerksam und fühlen sich wohl und geborgen. Irgendetwas muss da sein zwischen Himmel und Erde, etwas Seliges, Heiliges, was uns selbst im Sommer ein Gefühl von Weihnachten beschert. Es ist nicht wirklich zu greifen und doch zum Greifen nah, kein Mensch kann es sehen – es bleibt unsichtbar, doch können wir es fühlen, es gibt uns Zuversicht, es wärmt unser Herz und fördert die Einsicht, es macht uns Mut und gibt uns Kraft, es tröstet uns, macht unser Leben leichter, hilft uns neue Wege zu gehen und die beste Lösung in schwierigen Situationen zu finden, es unterstützt uns in allen Dingen und begleitet uns ein Leben lang. Wir haben für dieses Phänomen schon von alters her in allen Kulturen und Religionen einen Namen: Engel! Sie gelten als die Boten Gottes.

Gibt es Engel? Wissenschaftlich beweisen lässt es sich nicht. Doch in den heiligen Schriften des Judentums, Christentums und des Islam wird von Engelserscheinungen berichtet. Besonders bekannt sind drei Erzengel: Michael wird als Repräsentant des göttlichen Willens beschrieben. Mit seinem blauen Flammenschwert gilt er als Schutz gegen das Böse. Gabriel ist der Überbringer der Frohen Botschaft in der Weihnachtsgeschichte. Dem Erzengel Rafael werden hauptsächlich heilende Kräfte zugeschrieben.

Um das Engelbild für Kinder zugänglich zu machen, habe ich unterschiedliche Attribute oder Seelenaspekte verschiedenen Engeln zugeschrieben und ihnen entsprechende Namen für ihre jeweilige „Botschaft" gegeben. So können ErzieherInnen und LehrerInnen Kindern „Himmlische Helfer" an die Seite stellen zur Förderung emotionaler und sozialer Aspekte. Außerdem lassen sich mit ihrer Hilfe Werte des Menschseins und des Zusammenlebens spielerisch behandeln, bevor die Wertevorstellung im Erwachsenenalter ausgereift ist.

Zum Aufbau des Buches

Das vorliegende Buch beginnt mit dem „Schutzengel", der von Geburt an den Kindern Schutz und Begleitung vermittelt. Ihm folgt der „Kopfengel", der kleine Professor, der für klaren Durchblick sorgt und so manchem Kind dabei helfen kann, sich besser auf das Wesentliche zu konzentrieren. Für alle Herzensangelegenheiten ist der „Herzengel" zuständig. Ist ein Kind einmal krank, hilft ein „Heilungsengel" beim Gesundwerden. Für Inspiration und Muße bei neuen Herausforderungen sorgt der „Engel der Kreativität". Die pure Lebenskraft wird durch den „Kraftengel" verkörpert. Er hilft eigene Fähigkeiten und Talente zu erkennen und Ideen mit Tatkraft umzusetzen. Für die Leichtigkeit des Seins steht im Buch der „Engel der Leichtigkeit" Pate, er ist so etwas wie der Partyengel. Er weist darauf hin, das Leben zu genießen und sich jeden Tag daran zu erfreuen. Und für Lebensmut und Tapferkeit steht der „Mutengel" ein.

Jeder Engel wird einstimmend zu Anfang des jeweiligen Kapitels gefühlvoll und humorig für Erwachsene beschrieben. Sodann folgt eine einfühlsame Vorlesegeschichte für Kinder. Wo es sinnvoll ist, erleichtert eine Fantasiereise ihnen den Einstieg in das Thema. Weil Engel so gerne singen, tanzen und frohlocken, gibt es zu jedem Engel auch immer ein wunderbares Lied von Hartmut Höfele und Susanne Steffe. Dann folgen jeweils Spiele und Aktionen, um die entsprechenden Aspekte des Themas zu vertiefen.

Rund wird das Buch mit dem Auftritt des ganzen Engelreigens (s. S. 105). Mit einem Engelkarten-set zum Selbstgestalten kann kreuz und quer durchs Buch gespielt werden. Die Engelkarten erleichtern den Einstieg in die Beschäftigung mit den Engeln. Projektvorschläge für einen Spielenachmittag, eine größere Bastelaktion, eine Geburtstagsfeier oder für „Engel unterwegs" zeigen die unterschiedlichen Einsatzmöglichkeiten des Buches. Die 24 Karten des Spiels können auch als Adventskalender dienen.

Als ich bei der Recherche zu diesem Buch einen Jungen fragte: „Was weißt du über Engel?", sagte er spontan und völlig ohne Zweifel: „Oh, ich weiß alles. Engel haben blonde Locken, weiße Kleider und goldene Flügel und sie singen ganz viele Lieder …" Mit dieser Aussage möchte ich Ihnen vorliegendes Buch ans Herz legen.

Sybille Günther

Die Engel des Buches stellen sich vor

Gestatten, mein Name ist **Schutzengel**. Ich stehe für die Tugenden Schutz, Geborgenheit und Begleitung. Mehr über mich finden Sie ab Seite 11. Mein Symbol bei den Engelkarten ist ein Engel mit einem Kind an der Hand.

Ich bin der **Kopfengel**, mein Spitzname ist einfach „der kleine Professor". Ich stehe ein für Wahrnehmung, Wissen und Klarheit. Kinder sagen, mit mir an der Seite könnten sie sich einfach besser konzentrieren und denken. Mehr über mich finden Sie ab Seite 12. Mein Symbol bei den Engelkarten ist ein Engel mit Lupe.

Mein Name ist **Herzengel**. Weil ich so ein großes Herz habe, sind Mitgefühl, Liebe und Dankbarkeit meine Tugenden. Mehr über mich finden Sie ab Seite 36. Mein Symbol bei den Engelkarten ist ein Engel mit einem großen Herz.

Ich bin der **Heilungsengel**. Mein Spitzname ist „Rotkreuzengel". Besonders am Herzen liegen mir Gesundheit, Trost und Reinigung. Mehr über mich finden Sie ab Seite 47. Mein Symbol bei den Engelkarten ist ein Engel mit einem Erste-Hilfe-Köfferchen.

Mein Name ist **Engel der Kreativität**. Ich unterstütze Begeisterung, Ideenreichtum und Lösungen. Mehr über mich finden Sie ab Seite 59. Mein Symbol auf den Engelkarten ist der Engel mit der Staffelei.

Ich heiße **Kraftengel**. Meine Spezialität ist es, Tatkraft, Begabung und Fülle ins Leben zu bringen. Mehr über mich finden Sie ab Seite 69. Mein Symbol bei den Engelkarten ist der Engel mit der Sonne.

Ich bin der **Engel der Leichtigkeit**. Humor, Spiel und Schönheit in allen Dingen fördere ich gerne. Mehr über mich finden Sie ab Seite 81. Mein Symbol auf den Engelskarten ist der Engel mit dem tanzenden Kind.

Mich nennt man **Mutengel**. Wahrheit, Wille und Verantwortung sind meine Tugenden. Weil man mich auch gerne „Roter Ritter des Michaelsordens" nennt, ist mein Symbol auf den Engelkarten das Schwert. Mehr über mich finden Sie ab Seite 93.

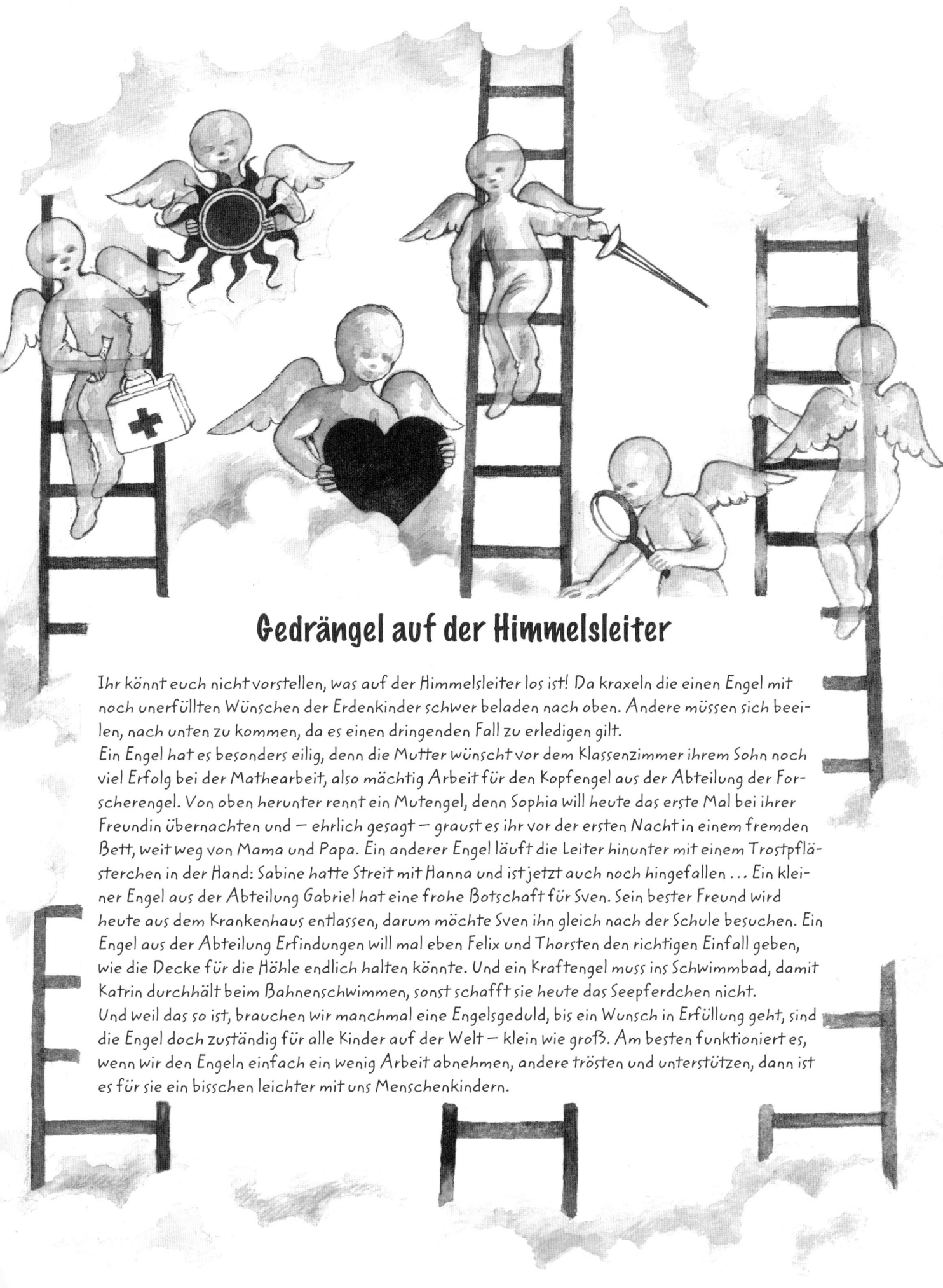

Gedrängel auf der Himmelsleiter

Ihr könnt euch nicht vorstellen, was auf der Himmelsleiter los ist! Da kraxeln die einen Engel mit noch unerfüllten Wünschen der Erdenkinder schwer beladen nach oben. Andere müssen sich beeilen, nach unten zu kommen, da es einen dringenden Fall zu erledigen gilt.

Ein Engel hat es besonders eilig, denn die Mutter wünscht vor dem Klassenzimmer ihrem Sohn noch viel Erfolg bei der Mathearbeit, also mächtig Arbeit für den Kopfengel aus der Abteilung der Forscherengel. Von oben herunter rennt ein Mutengel, denn Sophia will heute das erste Mal bei ihrer Freundin übernachten und — ehrlich gesagt — graust es ihr vor der ersten Nacht in einem fremden Bett, weit weg von Mama und Papa. Ein anderer Engel läuft die Leiter hinunter mit einem Trostpflästerchen in der Hand: Sabine hatte Streit mit Hanna und ist jetzt auch noch hingefallen ... Ein kleiner Engel aus der Abteilung Gabriel hat eine frohe Botschaft für Sven. Sein bester Freund wird heute aus dem Krankenhaus entlassen, darum möchte Sven ihn gleich nach der Schule besuchen. Ein Engel aus der Abteilung Erfindungen will mal eben Felix und Thorsten den richtigen Einfall geben, wie die Decke für die Höhle endlich halten könnte. Und ein Kraftengel muss ins Schwimmbad, damit Katrin durchhält beim Bahnenschwimmen, sonst schafft sie heute das Seepferdchen nicht.

Und weil das so ist, brauchen wir manchmal eine Engelsgeduld, bis ein Wunsch in Erfüllung geht, sind die Engel doch zuständig für alle Kinder auf der Welt — klein wie groß. Am besten funktioniert es, wenn wir den Engeln einfach ein wenig Arbeit abnehmen, andere trösten und unterstützen, dann ist es für sie ein bisschen leichter mit uns Menschenkindern.

Auf der Himmelsleiter

Nr. 01
Text: Susanne Steffe
Musik: Dorle Ferber

Intro gesummt

Ah_____ ah_____ ah_____ Auf der

Him-mels-lei-ter ist im-mer etwas los. Da schwe-ben vie-le En-gel schein-

bar ganz mü-he-los durch lus-ti-ges Ge-drän-gel. Wie ma-chen die das bloß?

Refrain

Kom-men Eng-lein ge-flo-gen, sag mal, hast du's ge-wusst? Es gibt

En-gel für Kraft, für Mut, Herz und Schutz. Kom-men Eng-lein ge-flo-gen,

ist das nicht wun-der-bar? Sind mit vie-len Ge-schich-ten und Lie-dern für uns da.

Ei-ner für Leich-tig-keit, ei-ner für Hei-lung, ei-ner für den Kopf und für

gu-te I-deen. Al-le sind un-sicht-bar, kei-ner zu seh'n.

1. Auf der Himmelsleiter
ist immer etwas los.
Da schweben viele Engel
scheinbar ganz mühelos
durch lustiges Gedrängel.
Wie machen die das bloß?

Refrain
Kommen Englein geflogen,
sag mal, hast du's gewusst?
Es gibt Engel für Kraft,
für Mut, Herz und Schutz.
Kommen Englein geflogen,
ist das nicht wunderbar?
Sind mit vielen Geschichten
und Liedern für uns da.

Einer für Leichtigkeit,
einer für Heilung,
einer für den Kopf
und für gute Ideen.
Alle sind unsichtbar,
keiner zu seh'n.

2. Was haben all die Engel
denn eigentlich zu tun?
Schweben auf und ab,
ohne sich auszuruh'n?
Spitzt mal die Ohren,
wir verraten's euch nun.

Kommen Englein geflogen …

Eine Himmelsleiter bauen

Alter: ab 4 Jahren
Material: dicke regenbogenfarbene Wolle,
weiße Wattekügelchen, weißer Faden, Nadel,
Schere, weiße Hühnerfedern (Flaum)

- Die Wolle zu einer Strickleiter binden und verknoten.
- An die Wattekügelchen (Engelsköpfchen) zur
  Aufhängung mit Nadel und Faden Schlaufen
  anbringen.
- Die Federn (Engelsflügel) jeweils von unten in
  die Wattekügelchen stecken.
- Die Engelchen nach Belieben an die Himmelsleiter binden.

Schon der leiseste Lufthauch bringt Bewegung
in die Engelsschar auf der Himmelsleiter.

Hinweis
Nach und nach können Kapitel für Kapitel die
Engel mit verschiedenen Attributen ausgestattet
werden.

Variante
Mit 24 Sprossen kann die Himmelsleiter auch als
Adventskalender dienen (s. Die Engelkarten,
S. 105).

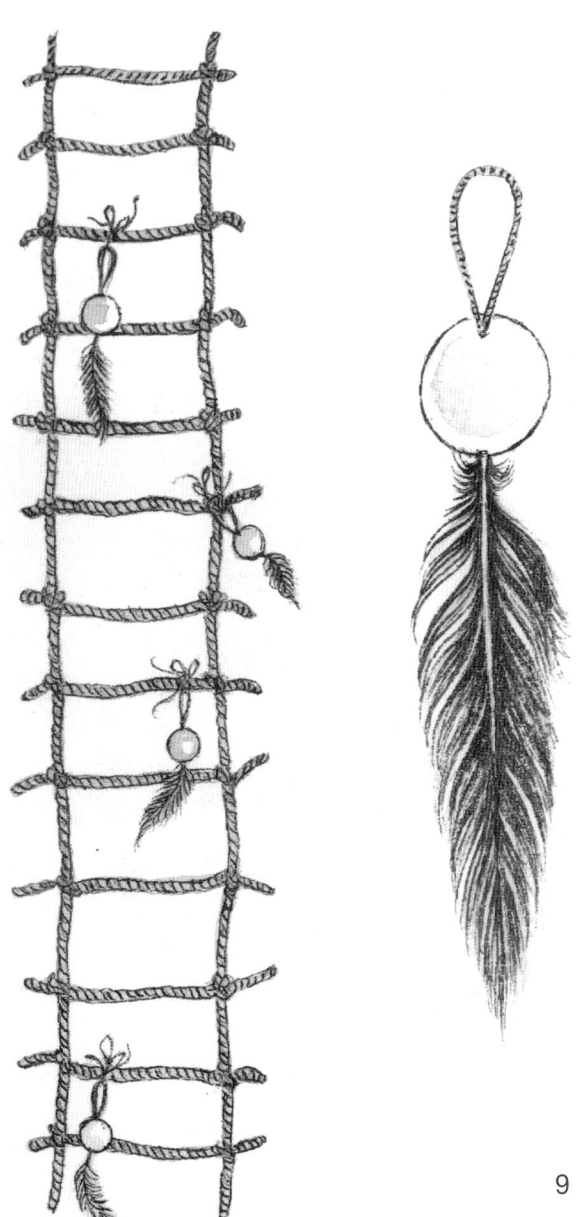

Vorbereitungen für einen Engelbesuch

Wollen wir Engel zu Besuch einladen, überlegen wir uns zunächst, was Engeln gefallen könnte. Sicher mögen sie frische Luft, bewegen sie sich doch ständig zwischen Himmel und Erde. Eingeladen fühlen sie sich, wenn nicht zu viel Chaos im Zimmer herrscht, also ist Aufräumen angesagt. Natürlich lieben sie freundliches Licht, sie werden ja selbst als reines göttliches Licht beschrieben. Manche, die glauben, schon Engeln begegnet zu sein, sagen, es hätte nach Rosen oder Äpfeln gerochen.

Nachdem nun der Raum geschaffen ist, können wir die erste Reise in die Vorstellungswelt der Engel wagen.

Einssein mit der Welt spüren. Eine Fantasiereise

Seit der Vertreibung aus dem Paradies plagen sich die Menschen mit Gut und Böse herum, ackern und rackern ihr Leben lang, sind nie ganz zufrieden, denn irgendetwas fehlt immer. Irgendein Mangel herrscht immer, und nie oder ganz selten ist alles so, wie es sein sollte.

Alter: ab 4 Jahren
Material: pro Kind 1 Matte, evtl. Kissen und Decken

Die Kinder holen sich eventuell ein Kissen und eine Decke, legen sich bequem auf die Matten und decken sich zu. Die Spielleitung dunkelt den Raum etwas ab und beginnt ganz ruhig zu erzählen.

Wir machen jetzt eine kleine Fantasiereise und stellen uns vor, dass alles gut ist, so wie es ist. Legt euch gemütlich hin, sodass ihr es ganz bequem habt. Ihr braucht nur einzuatmen und auszuatmen, das tut ihr ganz von alleine. Den Atem kommen und gehen lassen ... so wie die Wellen des Meeres einfach kommen und gehen. Achtet mal auf euren Atem und genießt es, dass er ganz von alleine kommt und geht ..., dass sich die Bauchdecke beim Atmen hebt und senkt.
Jeden Gedanken lassen wir los, wir denken nicht an gestern und nicht an morgen, wir sind einfach da und genießen den Augenblick ... und die Stille. So wie der Atem seid auch ihr genau richtig, so wie ihr seid. Zum richtigen Moment geboren, bei den richtigen Eltern angekommen und auch eure Freunde sind genau richtig, so wie sie sind.
Wir sind verbunden mit der Welt – eins mit der Welt – und alles ist genau richtig, so wie es ist. Ach, es ist wunderbar, mal einen Moment lang die Welt anzuhalten, nichts tun zu müssen, einfach nur da zu sein.
Ist es nicht irgendwie seltsam, dass jeder sich in seinem Kopf mit tausend Gedanken und mit tausend Fragen am Tag herumschlägt? „Kann der mich leiden?" „Gucken die komisch?" „Hat einer vielleicht ein größeres Stück Kuchen abbekommen?" So schwirren die Gedanken Tag für Tag um den Erdenball. Selbst wenn die Menschen noch so viel haben, noch so erfolgreich sind, sind sie nicht zufrieden. Seltsam. Dabei ist es doch so einfach, der Mensch muss nur einatmen und ausatmen, und das tut er ganz von alleine ...
(Pause)
Einen Moment haben wir jetzt das ewige Hin und Her auf der Welt unterbrochen, konnten fühlen, dass wir uns alle ähnlin, uns alle die gleichen Gedanken plagen.
Kommt jetzt ganz langsam hierher zurück, reckt und streckt euch wie die Katzenkinder, und wenn ihr wollt, könnt ihr euch gegenseitig nun wach kitzeln und tüchtig lachen über so viel unnötigen Quatsch auf der Erde.
Vielleicht wollt ihr euch öfter mal so eine kleine Auszeit nehmen von dem Weltgeschehen, nur atmen und die Gedanken ziehen lassen.

Schutzengel

Dass wir von Schutzengeln begleitet werden, davon hat schon jedes Kind einmal gehört. Ob es nun einer ist oder, wie in dem Gedicht „Abendsegen" (s. S. 20) gleich vierzehn, wissen wir nicht so genau. Wie der Name schon sagt, vermitteln Schutzengel Schutz, Geborgenheit und Begleitung – ein Leben lang. Von Geburt an stehen sie dem neuen Erdenbürger zur Verfügung. Ich stelle mir vor, dass die Schutzengel von ihrem Wesen her immer gut zu dem zu beschützenden Kind passen. Handelt es sich zum Beispiel um ein schnelles quirliges Kind, dann muss sein Schutzengel auch ganz schön fit sein, sonst käme er ja nicht hinterher. Oder wenn ein Kind viele Faxen und Streiche im Kopf hat und durchführt, muss sein Schutzengel auch eine große Portion Humor mitbringen, sonst würde er ja verzweifeln über so viel Unsinn. Schutzengel legen meiner Meinung nach ihr Hauptaugenmerk auf die persönliche Entwicklung. Sie geben Unterstützung, den persönlichen Lebensplan zu erfüllen. Das Beruhigende ist, sie stehen uns immer zur Seite, auch wenn wir manchmal daran zweifeln. Nur in einem unterliegt der Schutzengel seiner Bestimmung: Er hat immer unseren freien Willen zu akzeptieren, wenn ihm dies manchmal auch schwerfallen mag.

Ab und zu passieren Dinge, da fragen wir uns, wo war denn da der Schutzengel? Beispielsweise, wenn wir beim Radfahren einen Moment lang unaufmerksam waren und über eine Bordsteinkannte fallen und uns tüchtig wehtun. Aber vielleicht macht genau das irgendwie Sinn … Und manchmal wird ein Wunsch partout nicht erfüllt – auch da können wir vielleicht erst nach vielen Jahren sagen, wofür das gut war.

Von Anfang an

Nr. 03
Text: Sybille Ruisinger & Susanne Steffe
Musik: Sybille Ruisinger

Refrain

Le-bens-lang von An-fang an bin ich dein Be- glei - ter. Wenn

du mich brauchst, dann bin ich da, auch wenn du mich nicht siehst.

Je-den Tag und in der Nacht bin ich an dei - ner Sei - te. Ich

pa-sse auf und ge-be Acht, dass dir auch nichts ge-schieht. Schutz-

2. Strophe

en-gel wer-den war nicht leicht, ich muss-te ganz schön ler - nen. In

mei-ner Schu-le hin-term Mond gleich bei den Gam-ma-ster - nen. Doch

weißt du was, wir ha-ben Glück, ich hat-te gu-te No - ten. Im

Ret-tungs-flug war ich der Star un-ter den Him-mels - bo - ten.

1. *(gesprochen) Hey – hallo, da bist du ja,*
ich warte schon seit Stunden.
Ich hab mich so auf dich gefreut
und flog zehn Extra-Runden.
Jetzt geht es los, ich bin bereit,
mein süßer kleiner Bengel.
Ach, du weißt nicht, wer ich bin –
ich bin dein guter Engel.

Refrain
Lebenslang von Anfang an
bin ich dein Begleiter.
Wenn du mich brauchst, dann bin ich da,
auch wenn du mich nicht siehst.
Jeden Tag und in der Nacht
bin ich an deiner Seite.
Ich passe auf und gebe Acht,
dass dir auch nichts geschieht.

2. Schutzengel werden war nicht leicht,
ich musste ganz schön lernen.
In meiner Schule hinterm Mond,
gleich bei den Gamma-Sternen.
Doch weißt du was, wir haben Glück,
ich hatte gute Noten.
Im Rettungsflug war ich der Star
unter den Himmelsboten.

Lebenslang von Anfang an ...

3. Ich seh' dich schon als kleinen Zwerg
die ersten Schritte stolpern,
und später dann beim Fahrradfahr'n
über den Randstein holpern.
Doch keine Angst – du hast ja mich,
ich hör' die Leut' schon sagen:
„Dein Schutzengel, mein liebes Kind,
der muss sich ganz schön plagen!"

Lebenslang von Anfang an ...

Ein Schutzengel macht sich bereit

„Na, wann kommt denn das Baby?", fragt die Nachbarin. „Ach", stöhnt Frau Maier, „es müsste schon da sein! Ich möchte überhaupt nicht mehr länger warten, jeder Gang ist so beschwerlich, keine Treppe komme ich mehr hoch. Der Sommer war so lang und heiß, täglich musste ich meine Füße in kaltem Wasser treten, damit meine Beine nicht so dick wurden. Der Arzt meint, wenn sich das Kindchen jetzt nicht bald zeigt, muss die Geburt künstlich eingeleitet werden!"

Wenn die beiden Frauen wüssten, dass im Himmel alle Vorbereitungen auf Hochtouren laufen! Hier hat sich nämlich ein besonders süßer Bengel als Schutzengel gemeldet. Er ist etwas schusselig, darum hat er Nachsitzen in ein paar grundlegenden Dingen, die ihn erst als Schutzengel auszeichnen: Übersicht behalten, keine voreiligen Schlüsse ziehen, unauffällig anwesend sein ...

Endlich ist es so weit, Herr Maier hat seine Frau in die Klinik gebracht. Eine freundliche Hebamme begleitet Frau Maier ins Geburtszimmer. Die Wehen setzen ein, Frau Maier arbeitet mit und presst schließlich. Da zeigt sich das Köpfchen. Der Himmelsengel verspricht Petrus, dem Wächter der Himmelspforte, noch einmal an alles, was er gelernt hat, zu denken. „Dann los auf die Erde mit dir", sagt Petrus, „und viel Spaß mit deinem kleinen Erdenbürger." Frau Maier presst noch einmal tüchtig, dann ist das Kind da.

Na so was, der Kleine hat ja schon richtig blonde Locken. 4,5 Kilo bringt das Kerlchen auf die Waage! Im Vergleich zu den anderen Babys auf der Wickelkommode wirkt es schon wie drei Monate alt. Gott sei Dank bringt er so viel Speck mit, den kann er brauchen, denn sein Leben als kleiner Wildfang wird aufregend werden. „Herzlichen Glückwunsch, Frau Maier, da haben Sie aber einen strammen Jungen zur Welt gebracht!", meint die Hebamme. Der Papa lächelt zufrieden, und auch über das Babygesichtchen huscht ein Lächeln und es drückt seine linke Hand zum ersten Mal zum Fäustchen. Kein Mensch ahnt, dass ihm gerade in diesem Moment der kleine Himmelsbengel die Hand gereicht hat.

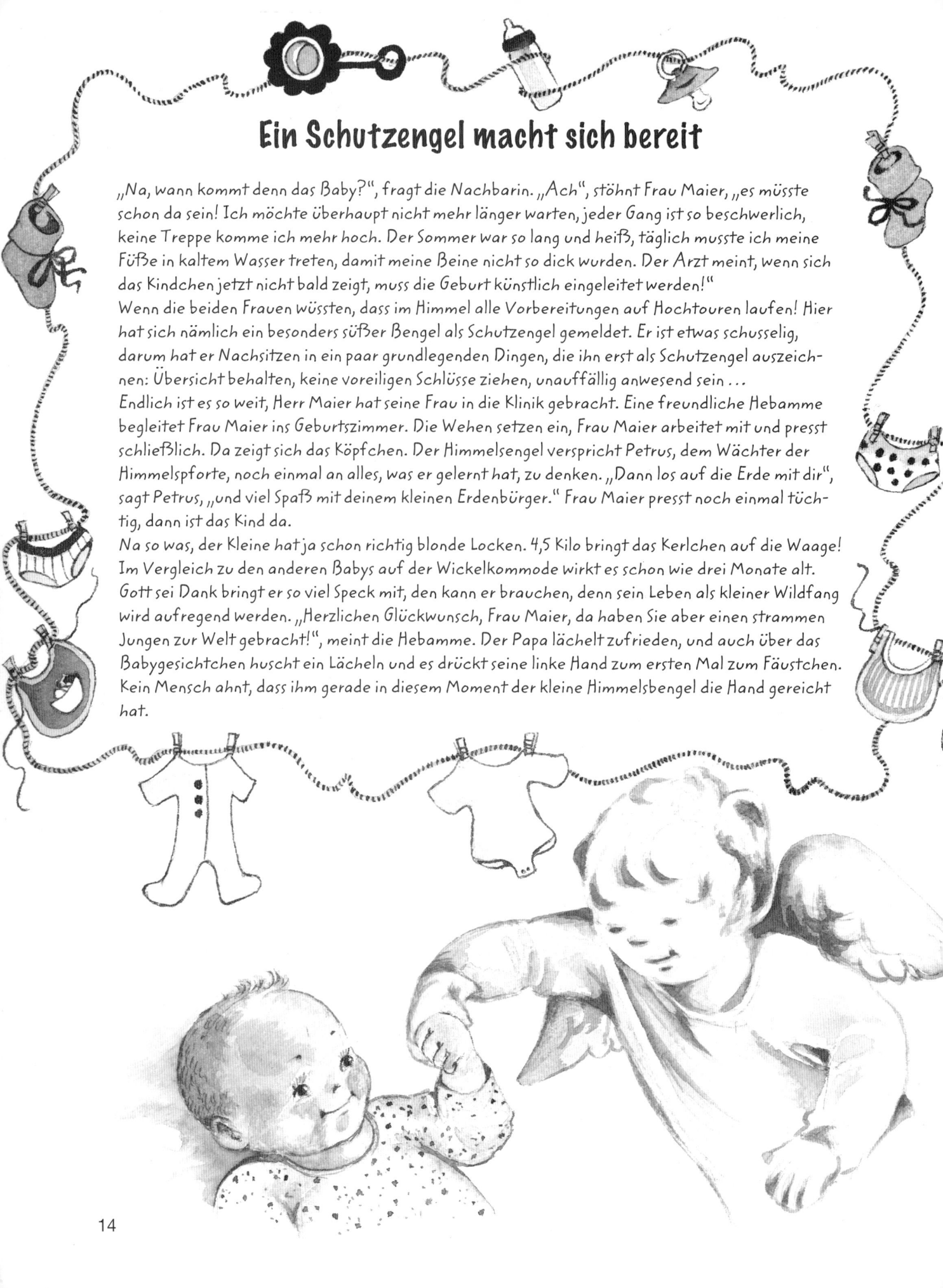

Wie sieht er aus, dein Schutzengel? Eine Fantasiereise

Engel sind auf Gemälden in schlichte, weiße Kleider gehüllt. Das weiße Gewand versinnbildlicht die reine Seele des Menschen. Die Schlichtheit betont die Aufgabe des Schutzengels, den Menschen zu betreuen. Aber, bei aller Schlichtheit gleicht kein Engel dem anderen und jeder bringt seine persönliche Note mit.

Alter: ab 4 Jahren
Material: pro Kind 1 Matte, evtl. Kissen und Decken

Die Kinder holen sich eventuell ein Kissen und eine Decke, legen sich bequem auf die Matten und decken sich zu. Die Spielleitung dunkelt den Raum etwas ab und beginnt ganz ruhig zu erzählen.

Wir begeben uns nun auf eine Reise in die Fantasie, um herauszufinden, wie wohl unser höchstpersönlicher Schutzengel aussehen könnte.
Legt euch alle einmal gemütlich auf eure Matten. Wer möchte, deckt sich mit einer Decke schön zu, damit ihm nicht kalt wird. Und schon beginnt unsere Reise.
Wie immer atmen wir erst einmal tief ein und aus … beim Ausatmen lassen wir alle Gedanken los, die uns gerade beschäftigt haben … nichts wird von uns jetzt verlangt, nichts müssen wir jetzt tun

… einfach da sein und atmen … mehr nicht …
Jedem Menschen, so heißt es, wird ein Schutzengel mit auf den Lebensweg gegeben. Wie schön, dass einer auf uns aufpasst, einer immer bei uns ist, einer uns verzeiht, wenn wir uns mal blöd verhalten. Wie schön wäre es, ein wenig mehr über unseren Schutzengel zu wissen. Stellt euch einmal vor, ihr könntet euren Schutzengel für einen Moment sehen, überlegt euch, wo er neben euch ist, wie sein Blick ist, ob er vielleicht gerade in eure Richtung schaut? Versucht jetzt mal, euch ein genaues Bild von eurem Schutzengel zu machen, so, als könntet ihr ihn fotografieren. Schaut euch sein Gesicht an, … die Hände, … das Gewand. Seht ihr Flügel bei eurem Schutzengel? Bleibt noch ein wenig bei eurem Engel und nehmt ihn ganz genau wahr.
Dies ist auch eine gute Gelegenheit, einmal danke zu sagen, dass er immer für euch da ist. So, und jetzt lassen wir sie erstmal wieder in Ruhe. Die Engel sind es nicht so gewohnt, im Rampenlicht zu stehen.
Verweilt noch einen Moment bei eurem Gefühl und kommt dann langsam wieder in den Raum und in die Gruppe zurück. Wir räkeln uns und strecken uns und öffnen ganz langsam die Augen.
Wer möchte, darf von seinem Engel nun erzählen. Wie sieht er aus, euer Schutzengel?

Ein Passbild vom Schutzengel

Unser Schutzengel passt, glaub ich, auch immer gut zu unserem Charakter, fast 1:1. Wenn das so ist, schlüpfen wir einmal in seine Haut und treten stellvertretend für ihn vor die Kamera.

Alter: ab 4 Jahren
Material: weiße Nachthemden, Accessoires nach Belieben (goldene Gürtel, Haarreifen, evtl. Engelsflügel), Kamm, Spiegel, Digitalkamera, 1 Bilderrahmen pro Kind (von Zuhause)

Nachdem die Kinder nach der Traumreise erzählt haben, wie ihr Schutzengel ausgesehen hat, geht es zum Fototermin. Alle verkleiden sich entsprechend ihrer Vorstellung. Die Spielleitung macht mit geschultem Auge und einfühlsamer Linse schöne Porträtfotos von den Kindern. Dann werden die Bilder ausgedruckt und jedes Kind bekommt seinen „Schutzengel" im Bilderrähmchen mit nach Hause, um es an seinem Schlafplatz aufzuhängen für Schutz und Geborgenheit.

Schutz und Begleitung

Schutzengel vermitteln vor allem Schutz und Geborgenheit. Schutz und Geborgenheit finden Kinder auch in Kuschelhöhlen. Deshalb ist es sehr wichtig, einen Platz zu schaffen, wo sich Kinder geborgen und beschützt fühlen. Auch Schutz- und Segenssprüche helfen ungemein, besonders am Abend vor dem Zubettgehen. Kleine Begleiter den Tag über erinnern daran, beschützt zu sein und helfen so, den Alltag zu meistern.

Ein Himmelbett für süße Bengel

Alter: ab 3 Jahren
Material: Tüll, Moskitonetz oder sternchenbedruckter Baumwollstoff, 1 Haken, Leuchtsternchen, Engelsbilder in Poesiealbumqualität, alte Bilderrähmchen, Passbild vom Schutzengel (s. S. 15), evtl. Wappenschild und Schwert (um nachts gegen Unholde und Ungeheuer wie Erzengel Michael zu kämpfen!)

Gemeinsam mit den Kindern gestalten die Erwachsenen eine Schutzinsel um den Schlafplatz, das kann zu Hause sein oder in der Kinderkrippe als individueller Schlafplatz oder für alle gestaltet im Gruppenraum an einem abgeschiedenen Plätzchen.

- Ein Tuch wird zum Himmel, dazu eine Stoffbahn mit einem Haken an der Decke zum Himmel drapieren. Das gibt ein schönes Geborgenheitsgefühl.
- Kleine Leuchtsternchen an der Wand leuchten noch lange nach, auch wenn das Deckenlicht bereits gelöscht ist.
- Engelbilder oder Schutzengel-Passbild in Bilderrahmen geben und am Bett aufhängen oder aufstellen.
- Bei wilden Rackern Wappenschild und Schwert gleich mit dazu aufhängen.

Meistens schlafen die Kinder schon, wenn die Leuchtsternchen noch leise glimmen.

Dieser kleine Stern
hat dich ja so gern

Himmlischer Wandbehang

Engelsmotive wurden früher auch auf Wandbehänge gestickt. In meinem eigenen Fundus gibt es einen solchen mit der Aufschrift „Gottes liebe Engelein mögen deine Hüter sein". Vor vielen Jahren war dieser Wandbehang meiner Tochter ein guter Begleiter.

Wir machen es uns ein wenig leichter und gestalten einen Wandbehang mit Textilfarbe und richten uns dabei ganz nach den Vorlieben und dem Charakter des Kindes. Ob sich darauf eine Insel mit Palmen und Schatzkiste befindet, ein ganzes Sternenuniversum vor nachtblauem Himmel oder kleine süße Putten. Hauptsache, es ist etwas mit Liebe selbst Gestaltetes.

Alter: ab 4 Jahren
Material: Stoffstreifen (ca. 70 x 40 cm) eines alten Lakens o. Ä., 1 Borte (ca. 2,30 m), Textilmalfarbe, Pinsel, Papier und Stifte für die Planungsskizze

Gemeinsam mit den Kindern besprechen wir, wie der Wandbehang, der am Bett hängen soll, aussehen könnte. Wir skizzieren, verwerfen, suchen nach geeigneten Vorlagen. Irgendwann ist der Entscheidungsprozess reif, um in die Tat umgesetzt zu werden. Wir übertragen die Vorskizze auf das Tuch, vielleicht ist das Kind ja schon in der Lage, die Skizze auszumalen, wenn nicht, tun Erwachsene das stellvertretend. Auch der Engelsspruch kann ganz individuell sein.

Hier ein paar Beispiele:

- *„Gottes liebe Engelein mögen deine Hüter sein"*
- *„Dieser kleine Stern hat dich ja so gern"*
- *„Dieses kleine Engelein möcht immer dein Begleiter sein"*
- *„Alle Engel schauen zu, machst du nachts die Äuglein zu"*
- *„Alle Engel singen leise eine kleine Schlafliedweise"*
- *„Schläfst du in deinem Himmelbett, wiegen Engel dich so nett"*
- *„Von der Himmelsleiter mit Gedrängel schweben nachts die Träumeengel"*

Engelmobile

Alter: ab 4 Jahren
Material: 8 Chiffontücher in den Farben des Regenbogens, 1 Hula-Hoop-Reifen o. Ä., durchsichtige Nylonschnur, Nadel

* In jedes Tuch einen Knoten binden (Kopf).
* Die Tücher am Zipfelende mit Nylonschnur und Nadel gleichmäßig am Reifen befestigen.
* Die Tücher rechts und links miteinander verknoten (Hände) – fertig ist der Engelsreigen.
* Zwei Nylonschnüre am Reifen an vier Punkten über Kreuz gebunden, sorgen für die Aufhängung.

Das Mobile wirkt besonders schön, wenn es um eine Deckenlampe gehängt wird.

Schutzengel und Schutzbären

Kuschelengel selbst herzustellen verursacht einiges Kopfzerbrechen und Arbeit mit ungewissem Ausgang, sodass wir einfach vorhandene Kuschelpuppen und -bären zu Engeln verkleiden mit zwei wichtigen Accessoires: Engelflügel und Flügelhemden.

Alter: ab 2 Jahren (bei Jüngeren übernehmen Erwachsene die Näherei)
Material für Engelflügel: Goldlamé, Nähmaschine, Nadel und Faden, Schere, Gummiband, Füllwatte

* Den Schnitt für die Flügel (s. S. 19) in der gewünschten Größe kopieren und ausschneiden.

- Goldlamé doppelt legen, den Schnitt auf den Stoff legen, mit Stecknadeln feststecken und die Engelflügel mit 1 cm Nahtzugabe zuschneiden.
- Die Flügel mit der rechten Stoffseite nach innen aufeinander legen und mit der Nähmaschine bis auf eine kleine Öffnung zusammennähen.
- Durch die Öffnung den Stoff wenden und mit Füllwatte füllen.
- Die Öffnung mit wenigen Stichen mit der Hand schließen.
- Gemäß der Größe der Puppe oder des Bären rechts und links der Flügel das Gummiband mit der Hand annähen.

Material für Flügelhemden: Stoff mit Sternchendruck, Stecknadeln, Geschenkband, Nähmaschine, Nadel und Faden

- Den Schnitt für das Flügelhemd (s. unten) in der gewünschten Größe kopieren und ausschneiden.
- Den Schnitt auf den Stoff legen, mit Stecknadeln feststecken und mit 1 cm Nahtzugabe zuschneiden.
- Die Nahtzugabe umklappen und mit der Nähmaschine die Nähte zunähen.
- Rechts und links des Ausschnitts mit der Hand ca. 20 cm Geschenkband zum Verschließen annähen.

Gummiband

Rückenteil

Geschenkband

Vorderteil

Abendsegen

Bringen Sie mit folgendem Gedicht aus Humperdincks Oper „Hänsel und Gretel" die Kinder „bewegt" zu Bett.

Abends, wenn ich schlafen geh
vierzehn Engel um mich stehn
zwei zu meiner Rechten,
zwei zu meiner Linken,
zwei zu meinem Haupte,
zwei zu meinen Füßen,
zwei, die mich decken,
zwei, die mich wecken,
zwei, die mich weisen
zu himmlischen Paradeisen.

Kind im Bett knuddeln
14 Finger laut aufzählen
2 Finger zeigen und die rechte Körperseite tätscheln
2 Finger zeigen und die linke Körperseite tätscheln
2 Finger zeigen und die Hände auf den Kopf legen
2 Finger zeigen und die Hände auf die Füße legen
das Deckbett kräftig schütteln
2 Finger zeigen und das Kind leicht anstupsen
2 Finger zeigen
und das Kind in den Arm nehmen.

Gute-Nacht-Wünsche

Das Gute-Nacht-Sagen können wir mit einem persönlichen Segenswunsch verbinden. Den Kindern gefällt das und sie schlafen himmlisch ein – zumindest meistens …

Abendgedicht (überliefert)
Schlaf gesund und kugelrund
bis morgen früh zur Kaffeestund.
Mama, Papa und die Engel
wünschen „Gutnacht"
dem süßen Bengel.
Hier noch ein Kuss
und jetzt ist Schluss.

Der Lichtstrahl
Gute Nacht ist längst gesagt,
alles getan für diesen Tag.
Auch das Licht im Zimmer aus,
doch Leben ist noch in dem Haus.
Ach wie schön ein heller Schein
kommt durch den Türspalt jetzt herein.
Da wisst ihr, ihr seid nicht allein
und schlaft getrost und friedlich ein.

Hosentaschenengel

Meist sind Schutzengel, die es zu kaufen gibt, recht kitschig. Persönlicher sind Schutzengelfiguren, die in Eigenarbeit gestaltet wurden.

Alter: ab 4 Jahren
Material: flache Flusskiesel, Goldfarbe, Pinsel, evtl. 1 Goldstift, evtl. Klarlack

Die Kinder malen mit Goldfarbe einen „Smiley" mit Punkt, Punkt, Komma, Strich auf den Kieselstein und einen kleinen Kreis als „Heiligenschein" über das Gesichtchen. Wer möchte, kann seinen Engel noch mit Klarlack lackieren. Die so entstandenen Hosentaschenengel lassen sich an alle Lieben in der Familie und im Freundeskreis verschenken. Getragen werden sie natürlich … in der Hosentasche.

Schutzengelanhänger

Alter: ab 4 Jahren
Material: Knetmasse, die im Backofen trocknet (Bastelladen), Nudelholz, Backpapier, Plätzchenausstecher in Engelform, Zahnstocher, Goldfaden

Die Knetmasse mit dem Nudelholz auf dem Backpapier ausrollen.
Die Engelsfigürchen ausstechen.
In jede Engelsfigur am Kopf mit dem Zahnstocher ein Löchlein bohren.
Den Engel im erwärmten Backofen trocknen lassen.
Nach dem Erkalten durch das Loch ein Goldfädchen ziehen.

Schutzengel spielen

Alter: ab 4 Jahren

Die Kinder suchen sich ein Partnerkind und schlüpfen in die Rolle des Schutzengels. Das heißt, an diesem Tag passen sie aufeinander wechselseitig auf und stehen ihrem Partnerkind in allen Dingen zur Seite. Egal, ob es Ärger in der Bauecke gibt, die Hausaufgaben ins Buch notiert werden müssen oder sie schlicht und einfach nur füreinander da sind.

Kopfengel

Diese Engel haben helle Köpfchen, eine fein ausgeprägte Wahrnehmung und unterstützen klare Gedanken. Sie helfen uns dabei, uns zu konzentrieren, damit wir einen Plan finden, Dinge anzugehen, und genügend Durchhaltevermögen entwickeln, um den Plan umzusetzen. Sie lassen uns Worte finden, um unsere Gedanken anderen mitzuteilen. Mit den Jahren lassen sie uns Wissen über die Welt sammeln. Die Kopfengel sind es auch, die uns neugierig machen, Dinge in der Welt zu erforschen. Mit einem Satz, sie kümmern sich mit Hingabe um alles, was in unserem Kopf passiert: Denken, Wissen, Sprache, Wahrnehmung. Sie lassen uns mit den Ohren feiner hören, mit der Nase besser riechen, mit der Zunge besser schmecken. So helfen sie uns auch, einen eigenen Geschmack zu finden, etwa welche Musik wir gerne hören, welche Speisen wir gerne essen, schlichtweg, was wir wollen im Leben und was nicht. Nach einem langen Leben verhelfen sie uns dann zu Weisheit und manchen sogar zur Erleuchtung.

In diesem Buch helfen die Engel uns natürlich in allererster Linie, etwas über Engel selbst herauszufinden.

Da geht dir ein Licht auf

Nr. 05
Text: Susanne Steffe
Musik: Dorle Ferber

Strophe

In dei-nem hel-len Köpf-chen geht manch' ein Licht-lein auf,

wer hat das wohl an-ge-macht? Da kommst du si-cher drauf.

Refrain

En-gel schi-cken den Geis-tes-blitz, so be-ginnt der Ge-dan-ken-lauf.

Da-raus wird ein Ge-dan-ken-fluss, auf dem treibt Wis-sen zu-hauf.

Wer ein we-nig Ver-stand hat, fischt sich da-von ge-nug 'raus, und

ganz am En-de der Rei-se gibt's für die Weis-heit App-laus.

23

1. In deinem hellen Köpfchen
geht manch' ein Lichtlein auf,
wer hat denn das wohl angemacht?
Da kommst du sicher drauf.

Refrain
Engel schicken den Geistesblitz,
so beginnt der Gedankenlauf.
Daraus wird ein Gedankenfluss,
auf dem treibt Wissen zuhauf.
Wer ein wenig Verstand hat,
fischt sich davon genug 'raus,
und ganz am Ende der Reise
gibt's für die Weisheit Applaus.

2. Weißt du mal so gar nicht weiter,
und kannst was nicht versteh'n,
geht im Kopf ein Lichtlein an,
schon ist 'ne Lösung zu seh'n.

Engel schicken Geistesblitze …

3. In deinem Oberstübchen,
ein Stückchen über dem Ohr,
ist Platz für all' die Lichtlein,
da geht dir keins verlor'n.

Engel schicken Geistesblitze …

4. Um dich herum sind Engel,
die finden dich sehr schlau,
und wo dein Lichtlein angeht,
weiß jeder Kopfengel genau.

24

Der Hausaufgabenengel

Manchmal sitzt Franz stundenlang an den Hausaufgaben und kommt einfach nicht weiter. Heute muss er ein Bild von einem Herbstdrachen ausmalen, dabei soll er darauf achten, nicht über die Linien zu malen. Die Lehrerin meinte noch dazu, die Kinder könnten auch gerne den Herbsthimmel mit bunten Blättern schmücken, die mit dem Drachen durch die Luft wirbeln, und Kornfelder am unteren Rand des Blattes dazumalen. Franz malt überhaupt nicht gerne Blätter aus. Er dreht den Bleistift im Mund herum und denkt an seine Freunde, die er doch gleich im Park treffen will, damit sie mit den BMX-Rädern die Böschung hinunter sausen können. Außerdem hat er noch ein Formblatt mit Rechenaufgaben auszufüllen. Eins und eins. Zwei, zwei und zwei. Vier und so weiter bis fünf und fünf. Wenn er daran denkt, dass er auch noch eine Schreibaufgabe zu erledigen hat, dann wird das heute nichts mehr mit dem Treffen seiner Freunde.

Mama ermuntert ihn schon eine ganze Weile, jetzt doch endlich anzufangen. „Je früher du beginnst, desto schneller bist du fertig und kannst raus", sagt sie. ... Sie hat gut reden, denkt Franz, schließlich muss sie ja nicht die blöden Blätter malen. Mama ruft von unten: „Bin gleich wieder da!", und die Tür knallt zu. Hm, denkt Franz, was macht sie wohl? Er geht zum Fenster und sieht sie gegenüber in den kleinen Schreibwarenladen gehen. Gespannt wartet er am Fenster, wann sie wieder heraus kommt. Da ist sie, sie kommt, in ihrer Hand hält sie eine kleine Papiertüte. Schnell überquert die Mutter die Straße und schon hört Franz den Schlüssel im Türschloss. Knarrende Stufen, nichts wie hingesetzt, denkt Franz, und beugt sich über das Drachenblatt mit einem Stift in der Hand. „Du Franz, ich habe etwas für dich. Das habe ich gestern gesehen, als ich dir Heftumschläge gekauft habe. Du errätst nie, was da drin ist!" Sie streckt ihm die Tüte hin. Franz greift danach und schaut hinein. „Das ist ja ein kleiner Roboter!" „Ja", sagt Mutter, „und der kann auch was. Zieh ihn mal auf." Franz dreht den Schlüssel ein paar Mal, bis die Feder gespannt ist, und stellt den kleinen Kerl auf den Küchentisch. Der Blechroboter fängt an zu laufen, dann dreht er sich, der kleine Kerl, und macht einen Purzelbaum nach dem anderen. „Cool!", sagt Franz, doch, oh je – gleich fällt er runter! Hastig greift er nach ihm und meint: „Der ist aber lustig, Mama!" Seine Mutter sagt: „Der kann aber noch viel mehr!" „Was kann der noch?" „Na, das ist ein Hausaufgabenengel. Immer wenn sich deine Gedanken im Kreis drehen und du deswegen gar nicht zu deinen Aufgaben kommst, dann ziehst du den Engel auf und kannst zusehen, wie er sich stellvertretend für dich dreht." Franz lacht. „Und weißt du was?", fragt Mama, „ich setze mich schnell zu dir hin, wir machen die Hausaufgaben jetzt gemeinsam. Unten habe ich nämlich Olli getroffen, der musste noch Heftumschläge kaufen, und ich habe ihm versprochen, dass du in einer halben Stunde im Park bist!" Mutter grinst und Franz ist froh. Wäre doch gelacht, denkt er, wenn der blöde Drache nicht Nullkommanix rot angemalt wäre. Und die Rechenaufgaben sind doch babyleicht, das weiß er doch schon alles ...

Frische Brise fürs Gehirnstübchen. Eine Fantasiereise

Alter: ab 4 Jahren
Material: pro Kind 1 Matte, evtl. Decken und Kissen

Nachdem die Kinder sich ein Kissen und eine Decke geholt und auf eine Matte gelegt haben, beginnt die Spielleitung ganz ruhig zu erzählen.

Heute tun wir etwas Gutes für unser Gehirnstübchen. Legt euch alle bequem hin. Jeder nimmt sich genügend Platz, um entspannen und der Fantasiereise folgen zu können. Liegen wir alle gut, konzentrieren wir uns erst einmal auf unseren Atem, der uns bei der Fantasiereise gut unterstützt. Wir atmen einfach ein und aus ... ein und aus. Dabei spüren wir, wie sich mit jedem Atemzug unsere Bauchdecke hebt und senkt, hebt und senkt. Wir schicken unseren Atem erst in den rechten Arm, wir atmen tief ein und spüren, wie der Atem bis zu den Fingerspitzen vordringt und wieder zurück. Von neuem schicken wir den Atem vor bis zu den Fingerspitzen und wieder zurück. Überall, wo der Atem uns durchströmt hat, fühlen wir uns entspannt und wie neu, gerade so wie nach einem inneren Hausputz. Wir atmen nun auf dieselbe Weise in unseren linken Arm. Wir schicken den Atem bis vor zu den Fingerspitzen und wieder zurück ... vor bis zu den Fingerspitzen und wieder zurück ... Wir spüren, wie sich auch der linke Arm entspannt und erfrischt.

Das Gleiche machen wir jetzt mit den Beinen. Zuerst schicken wir unseren Atem ins rechte Bein. Wir atmen tief ein, der Atem reicht vielleicht zuerst nur bis zum Knie und wieder zurück ... Und dann, mit einem zweiten Atemzug, fließt er bis in die Zehenspitzen und wieder zurück. Auch das rechte Bein fühlt sich nach ein paar Atemzügen entspannt und wohl. Nun atmen wir in das linke Bein, vor und wieder zurück ... vor und zurück. Auch das linke Bein fühlt sich nach einer Weile entspannt und wohlig an. Wer noch eine Verspannung spürt, verändert seine Lage und atmet

noch einmal an die entsprechende Stelle, um auch diese zu entspannen.

Nun geht unsere Atemreise langsam die Wirbelsäule nach oben. Angefangen beim untersten Wirbel am Po atmen wir die Wirbelsäule hinauf bis in den Kopf. Wirbel um Wirbel spüren wir den Atem aufsteigen und stellen uns vor, der Atem erfrischt uns wie eine aufsteigende Wasserfontäne in einem Springbrunnen. Überall, wo der Atem war, fühlen wir uns erfrischt und belebt.

Nun sorgen wir für eine frische Brise in unserem Gehirnstübchen. Wir atmen durch die Wirbelsäule nach oben durch alle unsere Gehirnkämmerchen bis ganz nach vorne zu unserer Denkerstirn. Dort oben im Dachstübchen angekommen, öffnen wir zuerst das Fenster und lassen die frische Luft einströmen. Tut das gut, das Hirn einmal richtig zu lüften! Die laue Luft strömt in die Kammern, Sonnenstrahlen erhellen die noch verborgenen Winkel. Alte Gedanken lösen sich wie Staubflusen auf und fliegen aus dem Fenster. Wir genießen den Atem wie die frische Luft an einem Sommermorgen.

Wie schön es ist, einmal nichts zu denken, nichts wissen zu müssen, einfach mal frische Luft in allen Gehirnwindungen zu spüren. Nun stellen wir uns vor, wir putzen noch die Fenster im Dachstübchen, damit wir die Welt ganz klar sehen können. Haben wir das Stübchen genügend gelüftet und gereinigt, spüren wir den Atem nochmal in unserem Brustraum, wie herrlich er kommt und geht.

Langsam kehren wir wieder in den Raum und in die Gruppe zurück, recken und strecken uns, erwachen wieder mit einem wohligen Gähnen, öffnen die Augen und schauen uns im Raum um.

Setzt euch auf, und einer nach dem anderen kann nun erzählen, wie es ihm ergangen ist.

Dachluke säubern

Der Minze sagt man eine erfrischende Wirkung auf das Gehirn nach. Wenn wir uns also gut konzentrieren wollen, hilft eine kleine Stirnmassage ungemein.

Alter: ab 4 Jahren
Material: 1 Tröpfchen Minzöl (z.B. japanisches Heilöl), 1 feuchtes Läppchen

Die Kinder nehmen ein Tröpfchen auf den Mittelfinger und massieren punktgenau die Mitte ihrer Stirn in kreisenden Bewegungen. Danach massieren sie rechts und links die Schläfen. Mit einem feuchten Läppchen wird der Mittelfinger gut abgeputzt.

Hinweis
Wichtig ist, dass wir nach der Massage die Finger gut säubern, damit wir das ätherische Öl nicht in die Augen bekommen, das könnte brennen.

Variante für jüngere Kinder
Die Massage jüngerer Kinder übernimmt am besten ein Erwachsener, um ganz sicher zu gehen, dass das Minzöl wirklich nur auf der Stirn landet. Dies können wir in spielerischer Form machen, indem wir es sprachlich begleiten: „So, jetzt putzen wir die Denkerstirn, damit ihr euch gut konzentrieren könnt."

Ohren wachkitzeln

Kitzeln wir die Ohren wach, können sie viel besser zuhören, ganz gleich, ob sie einer Geschichte oder verschiedenen Klängen folgen.

Alter: ab 4 Jahren
Material: Massageöl

Die Kinder nehmen je ein Tröpfchen Massageöl auf den rechten und linken Zeigefinger. Das Öl verreiben sie zuerst auf der jeweiligen Daumenkuppe. Nun massieren sie kräftig ihre Ohrläppchen. Diese werden dadurch intensiv durchblutet. Manche schwören darauf, nach der Massage tatsächlich viel besser hören zu können.

Engel wahrnehmen

Es ist nicht ganz einfach, Engel wahrzunehmen. Doch die Leute, denen dies geglückt ist, berichten von einem ganz ähnlichen Erlebnis. Nehmen wir mal diese Beschreibungen als Grundlage für folgende himmlischen Wahrnehmungsspiele.

Engelsklänge hören

Engel werden oft in Verbindung mit wunderbaren Klängen erlebt.

Alter: ab 4 Jahren
Material: Klangschalen, Klöppel, Glöckchen, Klangstäbe aus Messing oder ähnlich verfügbare lang klingende Musikinstrumente

Die Kinder setzen sich im Kreis auf den Boden zu einem „Chor der Engel". Ein Kind beginnt das Spiel und darf als erstes „Engel" sein. Die anderen schließen die Augen.
Das Kind wählt ein Musikinstrument aus, schlägt es an und läuft, so lange wie der Ton anhält, um den Kreis herum. Verstummt der Ton, überreicht das Kind dem nächsten den Klöppel. Dieses öffnet die Augen, wählt ein Musikinstrument und lässt es erklingen. Gespielt wird so lange, bis jedes Kind einmal Engel war.

Engelsdüfte riechen

Immer wieder liest man in Berichten aus allen Jahrhunderten von dem wundersamen Engelsduft, der von der Anwesenheit eines Engels zeugt. Der Wohlgeruch wird oft mit Lilien, Rosen oder Äpfeln verglichen. Auch sollen die Düfte nicht nur angenehm auf den Geruchssinn wirken, sondern gleichzeitig Balsam für die Seele sein und heilend auf das Gemüt wirken.

Alter: ab 4 Jahren
Material: wohlriechende Essenzen (nur rein ätherische Öle) wie Rose, Lavendel, Tanne, Vanille, Apfel oder Orange, Mullläppchen

Die Kinder sitzen im Kreis. Die Spielleitung träufelt wenige Tropfen eines Öls auf ein Mullläppchen. Die Kinder beraten, was das für ein Duft sein kann. Danach beschreiben sie gemeinsam, wie der Engel wohl aussehen könnte, der diesen Duft verströmt.

Engel im göttlichen Licht der Sonne

Engelserscheinungen sollen von solcher Leuchtkraft sein, dass sie der Betrachter später kaum beschreiben kann. Am ehesten können wir eine Vorstellung davon erhalten, wenn wir Farben durch Sonnenlicht erstrahlen lassen. Hier drei Beispiele:

• **Himmlisches Licht durch Prismen**

Material: geschliffene Prismentropfen, Faden

Das Prisma mit einem Faden am Fenster befestigen und auf Sonnenschein hoffen. Trifft ein Sonnenstrahl auf das Prisma, schickt dieses lauter bunte Lichtfunken ins Zimmer. So brillant und durchscheinend können wir uns die Farben der Engel vorstellen – eben himmlisches Licht.

• **Himmlisches Licht im Wasser**

Finden wir am Morgen hier und da noch ein Tautröpfchen, lässt das Sonnenlicht es in himmlischen Farben erleuchten. So entsteht der Regenbogen.

Alter: ab 4 Jahren
Material: Wasserschlauch

Wir stellen uns in den Garten mit dem Rücken zur Sonne. Dann heißt es „Wasser marsch!" Halten wir den Wasserstrahl nach oben, entsteht ein Regenbogen mit allen Farben des göttlichen Lichtes. So könnten die Farben der Engel sein.

• **Himmlisches Licht durch geschlossene Lider**

Wenn wir uns an einem hellen Sommertag draußen auf die Wiese legen und die Augen schließen, können wir mit etwas Geduld und innerer Ruhe auch ein zartes Himmelblau wahrnehmen. Vor unseren geschlossenen Augen wird eine Art Lichttunnel sichtbar, ähnlich einem Perspektiv. Dabei entsteht der Eindruck, als könnten wir an dessen Tunnelende tatsächlich einen Blick in die Unendlichkeit erhaschen.

Engel sehen

Nur wenige Menschen berichten davon, Engel wirklich gesehen zu haben. Es heißt auch, dass Engel sich den Menschen gerne so zeigen, wie es die Menschen annehmen können. So würden sie sich als Vögel, in Wolkenbildern, in Sternschnuppen, in Sonnenstrahlen oder auf dem Regenbogen zeigen.

- **Engel in Wolkenbildern**

Bei besonders günstigem Wetter sehen wir manchmal Wolkenformationen, die sich so am Himmel erstrecken, als hätten sie lange weiße Gewänder an und würden am Himmel schweben. Haben wir Glück, bilden sich aus vorbeiziehenden Wolken tatsächlich noch Flügelpaare aus, die aussehen wie richtige Engelsflügel.

Es lohnt sich also allemal, immer wenn wir uns draußen aufhalten, einen Blick in den Himmel zu werfen. Ob da nicht gerade ein Engel vorbei-schwebt? Wenn ein Kind einen Engel zu entdek-ken glaubt, macht es die anderen darauf auf-merksam, deutet das Gesicht, das Gewand und die Flügel des Engels heraus. Vielleicht sieht das eine oder andere dann noch einen zweiten Engel vorbeiziehen.

- **Vogelengel**

Kennt ihr das, dass sich manchmal, wenn wir uns im Garten, in einem Park oder im Wald ganz ruhig verhalten, unvermittelt ein Vogel nähert? Achtet einmal darauf. Wenn sich euch ein Vogel nähert, dann könnt ihr in Gedanken mit ihm eine kleine Unterhaltung beginnen. Begrüßt ihn stumm, schaut ihm zu, wie er um euch herum-hüpft und zwitschert. Nehmt es als Gottesge-schenk, dass er euch so nahe kommt. Vielleicht habt ihr gerade einen Einfall, was ihr ihm mit auf den Weg geben möchtet, einen Wunsch oder einen stillen Gruß an einen lieben Menschen.

Engel in Sternschnuppen und Sternen

Mitte August können wir mit großer Wahrscheinlichkeit die meisten Sternschnuppen am Abendhimmel sehen. Voraussetzung dafür ist, dass der Himmel sternenklar, also nicht bewölkt ist. Da es zu dieser Jahreszeit bei uns meistens am Abend sommerlich warm ist, nutzen wir die Gelegenheit und ziehen mit Picknickdecke und -korb hinaus auf ein Feld, eine Wiese, am besten auf eine Anhöhe, um bei beginnender Dunkelheit und mit etwas Glück Sternschnuppen zu beobachten.

Alter: ab 4 Jahren
Material: Picknickdecke und -korb, Verpflegung, Spielmaterialien (z. B. Federballspiel, Frisbee, Kometenschweifbälle), Digitalkamera

Gemeinsam geht es los zur Wanderung am Abend. Hier einige Spiele, die Weg und Wartezeit verkürzen und die Sterne spielerisch vom Himmel holen.

- **Wie Engel fliegen**

Auf einem Teil des Weges breiten die Kinder ihre Arme wie Flügel aus und stellen sich vor, dass sie ganz leicht werden. Sie fliegen mit den Engeln um die Wette zum Picknickplatz.

- **Engele, flieg!**

Die Erwachsenen nehmen jüngere Kinder rechts und links an die Hand und schwingen das Kind mit den Worten „Engele, Engele, flieg" durch die Luft. So ist es auch den Kleineren vergönnt, sich engelgleich vom Boden zu heben.

- **Sternschnuppe spielen**

Am Picknickplatz angekommen, erobern sich die Kinder spielerisch den Platz, indem sie sich auf den Sternschnuppenregen einstimmen. Sternschnuppen sind im August oft sehr groß. Sie können aussehen wie kleine Lichtufos oder wie leuchtende Bälle mit Kometenschweif, die querfeldein fliegen.

Mit einem Federballspiel, Frisbee oder mit Kometenschweifbällen erleben das die Kinder schon bei Tageslicht.

- **Dämmerpicknick**

Bei Dämmerung wird dann der Picknickkorb geöffnet und gemeinsam wird gevespert. Lieder und Geschichten verkürzen die Wartezeit, bis es dunkel wird.

- **Engel in Sternschnuppen**

Ist es dunkel, heißt es, den Himmel genau zu beobachten, ob sich eine Sternschnuppe zeigt. Alle wissen, dass sie sich sofort, wenn sie eine Sternschnuppe sehen, stumm etwas wünschen dürfen – es könnte ja sein, dass tatsächlich ein Engel geradewegs vorbeifliegt. Jeder passt also auf, und wer eine Sternschnuppe sieht, macht gleich die anderen darauf aufmerksam.

- **Engel in Sternen**

Während der Suche nach Sternschnuppen fotografieren wir den Sternenhimmel ohne Blitz, dabei suchen wir uns besonders helle Sterne aus. Die digitalen Bilder lassen sich im Nachhinein am PC um ein Vielfaches vergrößern. Es ist erstaunlich, welche Bilder dabei entstehen – gerade so, als würden wir tatsächlich Engel am Himmel sehen.

- **Engel auf Fotos**

Manchmal sehen wir auf Fotos, die mit Blitzlicht in der Nacht gemacht wurden, eigentümliche Lichtpunkte vergleichbar mit Seifenblasen. Wie diese genau entstehen, ist nicht mit Sicherheit zu sagen. Vielleicht sind es Staubkörnchen vor der Linse, vielleicht Lichtreflexe. Manche Leute behaupten, das seien kleine Lichtwesen, die sich durch Fotografie zeigen ließen.

Machen Sie auf dem Nachhauseweg von der Sternschnuppenbeobachtung noch ein paar Fotos mit Blitzlicht. Sieht man später die kleinen Lichtbläschen, können wir uns vorstellen, es seien kleine Engel.

- **Schneeengel**

Wenn wir bei einem Winterspaziergang eine unberührte Schneedecke an einem Hang entdecken, machen wir selbst Engel im Schnee: Dazu mit dem Rücken zum Hang hinstellen, auf den Po fallen lassen, kurz auf den Rücken legen und mit Armen und Händen von oben nach unten ganz viele Abdrücke in den Schnee machen. Ein anderer reicht uns die Hand, wir stehen vorsichtig auf und schon sieht man im Schnee einen Engel mit Flügeln.

Den Engel in uns erkennen

Kennt ihr den Spruch „dich schickt der Himmel!" oder „du bist ein Engel"? Meistens hören wir das ganz unvermittelt. Wir klingeln beispielsweise an einer Tür oder kommen zufällig irgendwo vorbei und auf einmal heißt es: „Du kommst wie gerufen!" Vielleicht können wir dann gerade helfen, irgendwo mit anzupacken oder jemandem schnell den Brief zum Postkasten tragen oder mal eben den Kinderwagen drei Stufen höher zu hieven.

Meist sind das ganz kleine Aufgaben und trotzdem machen wir dem anderen damit eine richtig große Freude. Wir brauchen uns gar nicht dafür anzustrengen und etwa im Vorhinein überlegen, was wir Gutes tun können. Aber wenn wir genau in diesem Moment, wenn jemand das zu uns sagt, schnell den kleinen Freundschaftsdienst erweisen, ja dann können wir für einen Moment tatsächlich den Engel in uns wahrnehmen.

Von Engeln berühren lassen

Manche sagen, es sei ihnen so gewesen, als habe ein Engel sie berührt. Sie empfanden dann eine leichte Gänsehaut oder ein intensives Körpergefühl, das durch und durch ging. Um davon eine ungefähre Vorstellung zu bekommen, kamen mir folgende Ideen.

Alter: ab 4 Jahren
Material: evtl. Matten oder Decken

• **Engelshand**

Die Kinder stehen im Kreis und schließen die Augen. Die Spielleitung läuft um den Kreis herum und berührt ein Kind durch leichtes Handauflegen auf dem Rücken etwas unterhalb der Schulterblätter. Sie verweilt einen Moment, damit das Kind die Berührung wahrnehmen kann. Das Kind öffnet die Augen und sucht sich ein weiteres Kind, das es ebenfalls engelgleich berührt. Die Kinder bringen beim Spiel eine Engelsgeduld auf, bis jedes Kind einmal berührt wurde. Waren alle selbst einmal Engel, setzen sie sich im Kreis auf den Boden und jeder beschreibt, wie er die Berührung wahrgenommen hat.

• **Durch und durch**

Die Kinder bilden Paare. Das eine Kind legt sich bäuchlings auf eine Turnmatte oder Decke, das andere Kind ist ein „Engel". Der „Engel" legt beide Hände auf den Rücken des Partnerkindes, und zwar oberhalb des Pos, und ruckelt mit beiden Händen gleichzeitig rhythmisch rechts und links der Wirbelsäule nach oben, so als würden dabei elektrische Impulse nach oben steigen. Dies wird mehrmals wiederholt. Danach lässt der „Engel" die Handflächen noch einen Moment auf dem Rücken des Partnerkindes ruhen. Das Partnerkind berichtet, wie es diese Berührung erlebt hat. Dann wird gewechselt.

Die Anwesenheit von Engeln betonen

Bei jedem Fest, so heißt es, seien Engel zugegen – auch wenn wir sie nicht sehen. Ich glaube, am leichtesten spürt man dies in dieser festlichen, fast prickelnden Stimmung, die sich vom Alltag abhebt, z. B. bei einem Geburtstagsfest, Hochzeitsfest, bei Jahresfesten, besonders an Weihnachten, aber auch beim Eintritt in den Kindergarten oder beim Schulanfang.
Manchmal spüren wir diese festliche Stimmung unvermittelt in besonderen Landschaftsformationen, auf dem Berg, in einem lichten Wald, in der Morgen- oder Abendstimmung oder beim Eintreten in einen besonderen Raum.

Da gibt es noch ein anderes Gefühl, das uns manchmal ohne Vorwarnung ergreift, unmittelbar und direkt, sowohl bei Festen als auch im Alltag. Von jetzt auf gleich. Irgendjemand hat an uns gedacht, sagt etwas scheinbar nebenbei und wir werden von Rührung erfüllt. Das könnte ein Engelchen gewesen sein. Nachfolgende Aktionen (s. S. 34) verdeutlichen dieses Phänomen auf anschauliche Weise für Kinder.
Besonders an Weihnachten ist es Brauch, Engelsfiguren aufzustellen oder als Baumschmuck herzustellen, um ihre Anwesenheit aufzuzeigen. Wir können dies aber das ganze Jahr hindurch mit einfachen, schlichten Mitteln tun.

Platzreservierung für Engel

Eine schöne Idee hatte meine Flötenlehrerin, die auch so manchen Kindergottesdienst mitgestaltet. Sie hatte weiße Chiffontücher auf einigen Stühlen ausgelegt und siehe da, keiner setzte sich auf diese Stühle.

Alter: ab 4 Jahren
Material: weiße Chiffontücher

Im Stuhlkreis auf einen oder mehrere Stühle ein Chiffontuch legen und beobachten, was passiert. Meist setzt sich niemand auf diese Stühle und wenn doch, dann wird mit den „Engeln" gespielt.

Gestaltung der Kreismitte

Um die Anwesenheit von Engeln zu verdeutlichen, gestalten wir ihnen einen Platz in der Kreis- oder Raummitte.

Alter: ab 4 Jahren
Material: Blumen, Kerzen, Engelsfiguren
(s. Engelmobile S. 18 oder S. 35), o. Ä. aus dem Fundus

Die Gestaltung der Kreismitte kann jeder selbst bestimmen, er folgt seiner Intuition und schaut, was sich eignen könnte. So ist die Anwesenheit von Engeln individuell hervorgehoben.

Engelflügel aus erster Hand

Je dezenter wir die Engel platzieren, desto schöner ist ihre Wirkung. Diese Engelflügel haben eine ganz persönliche Note, lassen sich statt eines Blumenstraußes verschenken und verleihen jedem Raum eine engelgleiche Atmosphäre.

Alter: ab 4 Jahren
Material: weißer Fotokarton, Schere, Deckweiß, Pinsel, Blumendraht (ca. 30 cm lang), Bleistift, Goldglitter, Klebestift

- Ein Kind stützt sich mit beiden Händen auf den Fotokarton. Ein anderes Kind umfährt mit dem Bleistift jeweils die ganze Hand. Dann wird gewechselt.
- Jedes Kind bringt seine zwei Hände auf diese Weise zu Papier.
- Die Kinder schneiden alle Hände aus.
- Sie drehen die ausgeschnittenen Hände seitlich nach außen, schon sind Engelflügel erkennbar.
- Mit dem Pinsel bringen die Kinder das Deckweiß dick in Linien vom Fingeransatz über den gesamten Handrücken auf, so wird der Eindruck von Engelflügeln verstärkt.
- Ist das Deckweiß getrocknet, mit dem Klebestift über die Papierfinger fahren und die Linie mit Goldglitter bestreuen.
- Ist alles trocken, die Blumendrahtstäbe jeweils am „Handrücken" des Flügels mit zwei Einstichen „durchfädeln".

Das Engelflügelpaar kann nebeneinandergesteckt an der Wand – z. B. über einem Bilderrahmen oder an einem Spiegel – schweben.

Blattgoldflügel

Auch die Blattformen mancher Pflanzen erinnern an Engelflügel.

Alter: ab 4 Jahren
Material: Ahornblätter o. Ä., Zeitungspapier, schwere Bücher, Goldfarbe, 1 extra feiner Pinsel, Blumendraht (ca. 30 cm lang)

Alle gehen hinaus in die Natur und schauen sich dort bei den Pflanzen um, was sich als Engelflügel in Gottes Schöpfung so zeigt. Die Kinder nehmen entsprechende Blätter mit nach Hause, pressen diese zwischen Zeitungspapierstapeln und legen schwere Bücher darauf.

Nach dem Press- und Trockenvorgang tragen die Kinder mit dem Pinsel die Goldfarbe auf die dünnen Blattadern auf. Nach dem Trocknen durchziehen sie die Flügel mit Blumendraht. Diese Blattgoldflügel krönen jeden Herbst- oder Winterblumenstrauß.

Engelsfiguren

Alter: ab 4 Jahren
Material: Knetmasse, die im Backofen aushärtet (Bastelgeschäft), große Plätzchenausstecher in Herzform, Nudelholz, Zahnstocher, Backpapier, evtl. Goldfarbe, evtl. Klarlack und Pinsel

- Aus der Knetmasse eine Kugel von ca. 2 cm Durchmesser für den Kopf des Engels formen.
- Aus Knete einen Kegel von ca. 2 cm Durchmesser und 8 cm Länge für den Körper des Engels formen.
- Kopf und Körper des Engels durch Ausstreichen mit den Fingern miteinander verbinden.
- Einen Teil der Knetmasse auswellen und ein Herz ausstechen.
- Die Spitze des Herzens mit dem Zahnstocher teilen und etwas auseinanderziehen für die Engelflügel.
- Den Engel auf die Flügel legen und das Material miteinander verbinden.
- Den Engel auf die Tischplatte stellen und den Körper durch Ausstreichen zum Gewand formen zur größeren Standfestigkeit.
- Nun Feinheiten modellieren und verbessern, bis das Kind zufrieden ist mit seinem Produkt.
- Die fertigen Engel wandern auf ein Backblech und härten im Backofen aus.

- Der Rohling kann nach dem Auskühlen mit Klarlack überzogen werden.
- Wer will, bemalt die Flügel des Engels mit Goldfarbe.

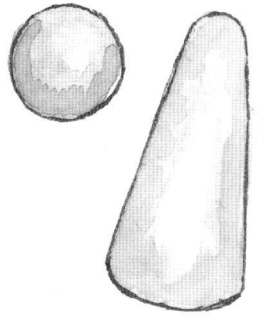

Herzengel

Herzengel kümmern sich um die Herzensangelegenheiten von uns Menschen. Sie selbst haben ein großes Herz für alle Sorgen und Nöte der Menschen. Herzengel haben sehr viel zu tun, denn die meisten Menschen haben ihr Leben lang die Vorstellung, nicht genügend geliebt zu werden, egal ob von den Eltern oder später in der Partnerschaft. Die Vorstellung von Mangel an Liebe treibt die Menschen ein Leben lang um und sorgt für Verwirrung in allen Beziehungen. Von daher ist es die Aufgabe der Herzengel, die Erdenkinder mit Liebe zu umhüllen.

In den ersten Lebensjahren eines kleinen Menschen sind Herzengel sehr auf die Mithilfe der Eltern angewiesen, denn Kinder brauchen diese Liebe von früh bis spät, also praktisch rund um die Uhr. Fließt diese Herzenswärme, dann bildet sich bei Kindern nach und nach Vertrauen in die Welt und vor allem Vertrauen zu sich selbst. Sie spüren, dass sie angenommen sind, dass sie nicht allein sind, dass sie genau richtig sind, wie sie sind. Dazu gehört, dass sie auch geliebt werden, wenn sie einmal etwas verbockt haben – Liebe steht über allen Geschehnissen des Alltags. In letzter Zeit ist auf der Erde weitere Verwirrung in Sachen Liebe entstanden, weil viele Eltern glauben, durch Geschenke Liebe geben zu können. Deshalb sind manche Kinderzimmer total voll und die Kinder fühlen sich um Herzenswärme betrogen, denn Dinge können keine Liebe geben.

Ist allerdings in den ersten Lebensjahren der Kinder genügend Herzenswärme geflossen, dann wird ihnen ganz warm ums Herz. Dann können sie, wenn sie größer sind, selbst den Herzengeln behilflich sein. Ohne Mithilfe von Herzmenschen können die Engel ihre Aufgabe auf Erden unmöglich erfüllen.

Nach und nach sind Kinder in der Lage, für andere Menschen Herzensgüte und Mitgefühl zu empfinden, andere zu trösten, sich Geschwistern brüderlich bzw. schwesterlich gegenüber zu verhalten, für Harmonie in Gruppen zu sorgen.

Wo viele Menschen beisammen sind, geht es besonders turbulent zu, was die Gefühlswelten anbelangt. Das Wichtigste bei diesen Herzensangelegenheiten ist es, mit sich selbst liebevoll umzugehen, damit der eigene Herzakku auch gefüllt bleibt. Wer das schafft, nimmt den Herzengeln eine gehörige Portion Arbeit ab. Das größte Geschenk dabei ist: Jeder kann Glück im eigenen Herzen empfinden. Und wer Glück empfindet, kann dankbar sein, daran haben eine Menge Menschen und Engel mitgearbeitet …

Wo kommt denn bloß die Liebe her?

Nr. 07
Text: Susanne Steffe
Musik: Dorle Ferber

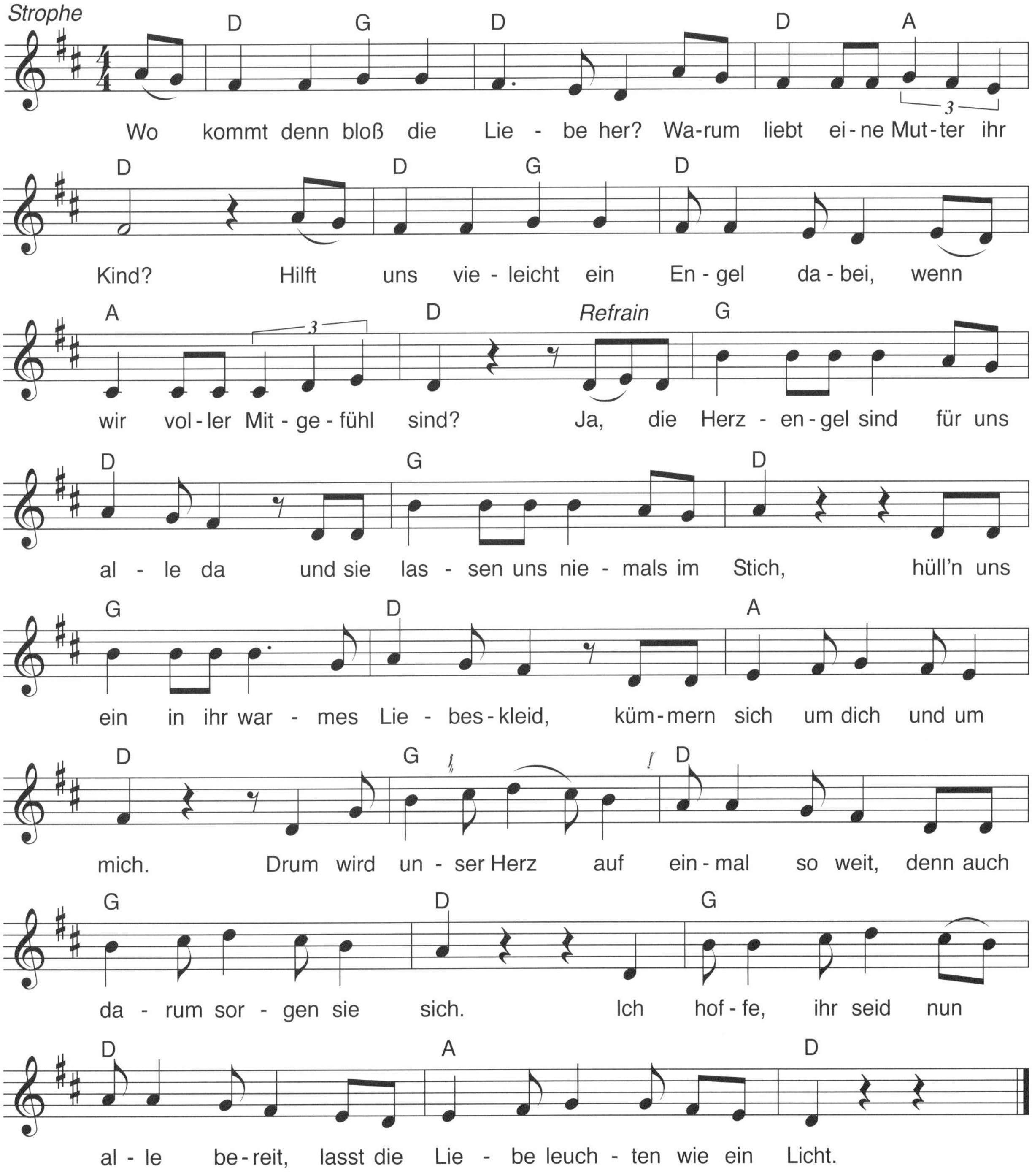

Strophe

Wo kommt denn bloß die Lie - be her? Wa-rum liebt ei - ne Mut-ter ihr

Kind? Hilft uns vie - leicht ein En - gel da - bei, wenn

wir vol - ler Mit - ge - fühl sind? *Refrain* Ja, die Herz - en-gel sind für uns

al - le da und sie las - sen uns nie - mals im Stich, hüll'n uns

ein in ihr war - mes Lie - bes - kleid, küm - mern sich um dich und um

mich. Drum wird un - ser Herz auf ein - mal so weit, denn auch

da - rum sor - gen sie sich. Ich hof - fe, ihr seid nun

al - le be - reit, lasst die Lie - be leuch - ten wie ein Licht.

1. Wo kommt denn bloß die Liebe her?
Warum liebt eine Mutter ihr Kind?
Hilft uns vielleicht ein Engel dabei,
wenn wir voller Mitgefühl sind?

Refrain
Ja, die Herzengel sind für uns alle da
und sie lassen uns niemals im Stich,
hüll'n uns ein in ihr warmes Liebeskleid,
kümmern sich um dich und um mich.
Drum wird unser Herz auf einmal so weit,
denn auch darum sorgen sie sich.
Ich hoffe, ihr seid nun alle bereit,
lasst die Liebe leuchten wie ein Licht.

2. Was wäre das Leben ohne Liebe wert?
Hätte es denn überhaupt einen Sinn?
Wohnt die Liebe denn in unser'm Herz,
oder bringt sie ein Engel da hin?

Ja, die Herzengel …

3. Die Herzengel sehen sehr schön aus,
haben goldene Locken und Herzen.
Sie tragen auf leichten Flügeln fort
der Menschen Nöte und Schmerzen.

Ja, die Herzengel …

Herzballon aufblasen

Alter: ab 4 Jahren
Material: pro Kind 1 Herzluftballon (und ein paar mehr als Reserve)

Die Kinder pusten ihr Herz auf, indem sie Herzluftballons aufblasen. Wem der Ballon dabei platzt, na, dem platzt halt das Herz vor lauter Freude. Das betroffene Kind bekommt von der Spielleitung ein „Ersatzherz" überreicht.

Wenn Herzen vor Freude tanzen

Alter: ab 4 Jahren
Material: pro Kind 1 aufgeblasener Herzluftballon, „Wo kommt denn bloß die Liebe her?"
(CD-Nr. 07, s. S. 37)

Die Kinder stellen sich mit ihrem aufgeblasenen Herzluftballon im Kreis auf. Beginnt die Musik, probieren sie, ihr „Herz" auf Händen zu tragen, genauer gesagt, es auf der Fingerspitze des Zeigefingers zu balancieren.

Nun lassen sie ihr Herz vor Freude auf der Fingerspitze hüpfen. Danach suchen sie sich ein Partnerkind, stellen sich einander gegenüber auf und tauschen gemeinsam Herzlichkeiten aus, indem sie sich ihre Herzballons gegenseitig zuschubsen und im Wechsel das eigene Herz oder das des Partnerkindes jonglieren.

Zwei Blumen am Wegesrand

Tina konnte gestern nicht zu ihrer Freundin Anna kommen, weil sie bei ihrer Oma zum Geburtstag war. Kaum ist sie am nächsten Morgen im Klassenzimmer, sieht sie Anna und Ute miteinander reden. Anna war es langweilig gewesen und so hatte sie Ute zu sich nach Hause eingeladen und die beiden haben einen schönen Nachmittag zusammen verbracht. Zack, das sitzt bei Tina. Anna ist ihre beste Freundin und sie will unter keinen Umständen, dass Ute dieselbe Freundschaft mit Anna hat. Die Gedanken kreisen in ihrem Kopf. Anna fragt Tina, wieso sie heute so zerknirscht gucken würde. Tina ist in größter Not und will über ihre Gefühle vor Ute nicht sprechen, so sagt sie einfach: „Ich bin heute einfach mal etwas stiller — seid doch froh, sonst sagt ihr immer, ich rede so viel." Anna wundert sich und sagt: „Gibt es da nicht einen Stimmungsschalter zum Umlegen bei dir?" Jetzt fühlt sich Tina völlig in die Enge getrieben, sie muss irgendetwas unternehmen, entweder verstecken, direkt nach Hause laufen, auf jeden Fall erst mal aus dem Klassenzimmer raus! „Muss noch wo hin", sagt sie und rennt aus dem Raum. Was soll sie jetzt nur machen? Sie läuft in den Schulhof, ja laufen tut gut! Weiterlaufen, in den Schulgarten, einfach hier im Kreis laufen, sich Luft verschaffen. Sie kann jetzt unmöglich ins Klassenzimmer zurück in ihrem verwirrten Zustand.

Da sieht sie am Wegesrand ein Kamillenblümchen stehen. Gedankenverloren greift sie danach und zupft im Weitergehen Blättchen um Blättchen einzeln ab. Plötzlich kommt Frau Waibel des Weges, die nette Lehrerin von Heimat- und Sachkunde. „Guten Morgen, Tina, kennst du noch das Spiel?" „Was für ein Spiel", fragt Tina. „Na, sie liebt mich, sie liebt mich nicht", dabei zupft Frau Waibel an einer anderen Kamillenblüte Blättchen um Blättchen aus. Jetzt kann Tina nicht mehr. Tränen laufen ihr im Sturzbach über die Wangen und sie erzählt Frau Waibel alles. „Hör mal", sagt diese, „glaubst du wirklich, dass Anna und Ute dieselbe Freundschaft haben können wie du und Anna?" „Nö", sagt Tina, „Ute ist ja ganz anders als ich." Und ein Lächeln huscht über ihr Gesicht. „Na, siehst du? Da hast du dir jetzt so viele unnötige Gedanken gemacht, dass du dich am Ende ganz schlecht gefühlt hast." „Stimmt", sagt Tina. Da klingelt es zur ersten Pause. Anna kommt auf den Schulhof direkt auf Tina zugerannt. „Guck mal, Tina, eine Pusteblume! Sollen wir die zusammen pusten? Du darfst dir auch was dabei wünschen, die Samen verweht der Wind und dein Wunsch geht in Erfüllung." „Gute Idee", meint Frau Waibel, und eine letzte Träne läuft über Tinas Wange. Sie ist ja so froh.

Herzakku aufladen. Eine Fantasiereise

Alter: ab 4 Jahren
Material: pro Kind 1 Rosenquarz, 1 Matte, evtl. Kissen und Decken

Nachdem die Kinder sich auf eine Matte gelegt haben, beginnt die Spielleitung ganz ruhig zu erzählen.

Ein Akkumulator ist ein Speicher für elektrische Energie. Und wir alle wissen, ist der Akku des Fotoapparats oder Handys nicht aufgeladen, geht nichts mehr. Stellen wir uns einmal vor, wir könnten genauso wie die Batterien unseren Herzakku mit Wärme aufladen.
Macht es euch zuerst einmal gemütlich, nehmt Kissen und Decken und kuschelt euch tüchtig ein … Liegt ihr alle bequem? Jetzt geht es los.
Zuerst entspannen wir uns über unseren Atem. Ihr kennt das ja schon, lasst den Atem kommen und gehen und lasst einfach alles los.
Wir atmen einmal tief in unser Herz hinein. Unser Herz ist unser Motor, es versorgt uns ständig mit frischem Blut in unseren Adern … je tiefer wir ein- und ausatmen, desto frischer wird unser Blut angereichert mit neuer Luft. Je frischer unser Blut ist, desto wohler fühlen wir uns. Atmen wir tief ein und aus, wird uns ganz leicht ums Herz. Im Herzen, so heißt es, wohnt die Liebe. Und je mehr Liebe ein Mensch erfährt, desto herzlicher kann er auch zu anderen Menschen sein. Und umgekehrt, je herzlicher ein Mensch zu anderen ist, desto mehr lieben ihn seine Mitmenschen. Zwischen den Menschen fließt eine Energie, die wir Liebe nennen. Also eine positive Energie, genau wie in einem Ladegerät.

Stellen wir uns jetzt einmal vor, wir könnten die positive Energie ein- und ausatmen mit unserem Atem. Welche Farbe hat diese Energie für euch? Spürt einmal in euch hinein, ob ihr eine Farbe vor euch seht. Stellt euch vor, euer Atem nimmt diese Farbe an. Ihr schickt diesen Atem nun in euer Herz. Das Herz wird warm davon und füllt sich damit. Das Herz wird ganz weit, genießt es und pulsiert zufrieden mit jedem neuen Atemzug. Verweilt noch einen Moment bei eurem warmen Herzen und kommt dann wieder hierher zurück, ich habe nämlich für jeden noch eine Überraschung.
Räkelt und streckt euch tüchtig, macht die Augen auf und setzt euch in den Kreis.
Wisst ihr, wie die Steine heißen, die ich hier in der Hand habe? Sie heißen Rosenquarz. Das kann man sich prima merken, weil sie ja rosa sind. Die Steinheilkunde sagt, der Rosenquarz sei gut in allen Herzensangelegenheiten, er soll auch Herzbeschwerden heilen. Rosenquarz steigere die Hilfsbereitschaft und das Einfühlungsvermögen. Vor allem fördere er die Selbstliebe, die Herzenskraft und die Liebesfähigkeit. Tatsächlich regt Rosenquarz die Gewebedurchblutung an. Alles in allem passt er also wunderbar zu dieser Fantasiereise und ist somit ein idealer kleiner Herzakku. Nun in die Hosentasche damit und wirken lassen. Wisst ihr, die Liebe ist nie weg – sie ist immer da – nur vergessen wir das manchmal. Dann müssen wir uns von Zeit zu Zeit daran erinnern.

Herzensangelegenheiten

Herzenswünsche verschicken

Zum Geburtstag oder an anderen großen Festtagen sind auch unsere Engel zugegen. Deshalb schicken die Festgäste Herzenswünsche für den/die Betreffenden direkt in den Himmel. Auch zum Tag der offenen Türe in der Einrichtung kann diese Aktion starten, eben immer, wenn ein großer Anlass vor der Türe steht, denn es ist schon ein wenig aufwendig, eine Gasflasche zu besorgen. Als Alternative können mit Gas gefüllte Ballons direkt in einem Spielwarenladen erstanden werden. Wer seinen Herzluftballon einfach nur an seiner Zimmerdecke schweben lässt, kann dies natürlich auch tun.

Alter: ab 4 Jahren
Material: Herzluftballons, Gasflasche mit Ballongas, Schnur, kleine Zettelchen, Locher, Stifte
Vorbereitung: Die Zettelchen mit einem Loch versehen, in einem Raum die Ballons mit Gas befüllen und an jeden eine Schnur binden.

Die Spielleitung lässt die Ballons zur Decke schweben, so sind sie erst einmal „geparkt". Die Kinder malen oder schreiben ihren Wunsch an das Geburtstagskind auf einen Zettel (oder lassen den Wunsch aufschreiben, wenn sie es noch nicht vermögen). Sie binden ein Zettelchen an einen Luftballon. Sind alle fertig, gehen sie gemeinsam nach draußen. Die Kinder stellen sich im Kreis auf und einer nach dem anderen sagt, was er dem Ehrenkind wünscht. Dann lassen sie gemeinsam die Herzenswünsche in den Himmel steigen.

Beflügelte Kuschelherzen

In der christlichen Kunst steht das geflügelte Herz für die allumfassende Liebe Gottes.

Alter: ab 2 Jahren (bei jüngeren Kindern näht die Spielleitung die Flügelherzen)
Material: roter Stoff, weißer Stoff, Füllwatte, Füllvlies, Schere, Nähmaschine

- Nach der Vorlage ein Herz doppellagig sowohl vom roten, als auch vom weißen Stoff ausschneiden.
- Vom Füllvlies einlagig ein Herz ausschneiden.
- Die beiden weißen Herzen aufeinanderliegend in der Mitte durchschneiden, schon entstehen zwei Herzflügel.
- Die beiden Herzflügel bis auf eine Öffnung mit der Maschine zunähen und wenden.

- Auch das Füllvlies in zwei Hälften teilen und die weißen Herzflügel damit auspolstern.
- Mit der Nähmaschine die Flügel komplett zunähen.
- Die zwei roten Stoffherzen zum Kissen zusammennähen, dabei rechts und links außen eine Öffnung lassen.
- Das Herzkissen einmal wenden, mit Füllwatte füllen, die zwei Herzflügel in die Öffnung stecken und mit der Nähmaschine rechts und links zunähen.

Mit den beflügelten Kuschelherzen können wir die Schutzengelhöhle bereichern (s. Ein Himmelbett für süße Bengel, S. 16). Sie eignen sich auch als Herzgeschenk für Geburtstagskinder (s. Kleines Ritual für Geburtstagskinder, S. 109).

Wärmeherzen schenken

Diese Herzen werden von Erwachsenen gefertigt und sind schöne Geschenke für Kinder zum Abschluss eines „Herzprojektes" oder wenn mal ein warmes Herz vonnöten ist.

Alter: ab 4 Jahren
Material: Baumwollstoff in warmen Rottönen, Kirschkerne (Bioladen), Papier, Bleistift, Schere, Nähmaschine

- Ein Herzkissen, das jedoch nicht geteilt wird, fertigen (s. Schnitt und Anleitung S. 42).
- Das Herzkissen mit Kirschkernen locker füllen.
- Mit Nadel und Faden die offene Naht schließen.

Die Kissen können im Backofen erwärmt werden. Die Kirschkerne halten die Wärme einige Zeit, sodass diese Herzen auch eine Alternative zur klassischen Wärmflasche sind.

Herzengelchen

Alter: ab 4 Jahren
Material: Blätter in Herzform (z.B. Rosenblätter, Lindenblätter), Papier, Stift, kleine Püppchen, Klebestift

Die Kinder suchen in der Natur Blätter in Herzform, denn in ihnen wohnen garantiert Herzengel. Sie pressen die Blätter zu Hause zwischen Zeitungspapier und legen schwere Bücher darauf. Nach dem Trocknen teilen sie die Blätter mit der Schere – schon haben sie kleine Engelflügel. Diese können ganz unterschiedliche Verwendung finden:

- Die Kinder malen ein Bild von einem Menschen, ganz nach eigenem Vermögen, und kleben rechts und links die Herzengelflügel daran – fertig ist das Herzengelchen.
- Die Kinder bekleben kleine Figürchen mit den Herzflügeln.

Herzbrillen

Alter: ab 6 Jahren
Material: Fotokarton, transparente rosa Einbandfolie, ausrangierte Brille mit großen Gläsern, Bleistift, Schere, Klebstoff

- Die Brille auf den Fotokarton legen und mit dem Bleistift zuerst die Brillengläser umranden.
- Den rechten Brillenbügel auf den Fotokarton klappen und mit Bleistift umranden (aufpassen, dass dabei aufgemalte Gläser und Bügel in einer Linie sind).

- Den linken Bügel auf das Papier klappen und genauso verfahren.
- Die Brille vom Papier nehmen und die „Papierbrille" ausschneiden.
- Mit der freien Hand gleichmäßige Öffnungen für die „Gläser" auf das Papier zeichnen und ebenfalls ausschneiden.
- Die Öffnungen mit Transparentfolie hinterkleben.

Diese Herzbrille können die Kinder immer tragen, wenn ihnen der Tag einmal grau erscheint.

Die Welt erscheint rosarot

Wer verliebt ist, so heißt es, sieht die Welt rosarot. Um das einmal zu erleben, führen die Kinder folgendes kleines visuelles Experiment durch.

Alter: ab 6 Jahren
Material: neongrüner Fotokarton, weißer Fotokarton

Die Kinder betrachten zuerst den grünen Fotokarton ungefähr zwei Minuten lang, danach wechseln sie den Blick auf den weißen Fotokarton. Sie beschreiben den Unterschied. Durch die neongrüne Farbwirkung entwickelt unser Sehsinn die Komplementärfarbe dazu und tatsächlich erscheint das weiße Blatt nun rosarot … So wie Verliebte die Welt sehen – eben rosarot.

Lieb an jemanden denken

Es ist ein schönes Ritual, lieb an jemanden zu denken, der den Tag nicht bei einem sein kann. Diese Geste kann ein Ritual morgens im Stuhlkreis oder in der Schule sein, wenn ein Kind fehlt, weil es zum Beispiel krank ist. Das kann aber auch zur Gewohnheit werden, wenn man jemanden vermisst, mit dem man gerade gern zusammen wäre. Die Gedanken helfen den Herzengeln ungemein bei der Arbeit.

Alter: ab 4 Jahren

Die Kinder sitzen im Kreis. Die Spielleitung ermuntert sie dazu herauszufinden, ob denn heute jemand fehlt. Die Kinder schauen sich im Kreis um und fehlt tatsächlich ein Kind, überlegen sie gemeinsam, welchen Wunsch sie ihm in Gedanken schicken könnten. Wer die beste Idee hat, darf bis drei zählen und alle schicken auf einmal den lieben Gedanken zum fehlenden Kind.

Mit dem Herzen sehen

Alter: ab 6 Jahren

Manchmal gibt es Streit unter Freunden. Sobald der erste Zorn verraucht ist, bietet die Spielleitung den beiden Kindern zwei Stühle zum Hinsetzen an. Jeder erzählt nun, ohne unterbrochen zu werden, wie er die Situation wahrgenommen hat. Danach bittet die Spielleitung die Kinder, den Platz einmal zu tauschen und die Angelegenheit von der Warte des anderen zu betrachten. Vielleicht bekommen die Kinder so ein wenig Verständnis für den anderen und können dem Freund oder der Freundin schneller verzeihen.

Herzensdinge sammeln

Das Sammeln von Herzensdingen gibt den Kindern nicht nur eine positive Identität, die Herzensdinge geben der Spielleitung auch Aufschluss darüber, was sie den Kindern anbieten kann. Die Kinder erfahren so eine besondere Wertschätzung ihrer eigenen Bereiche.

Alter: ab 4 Jahren
Material: pro Kind 1 Blatt Papier, 1 Stift, Buntstifte

Die Spielleitung versammelt die Kinder im Kreis. Jedes Kind erhält die Möglichkeit zu erzählen, was es am liebsten mag, z.B. sein Lieblingstier oder eine Lieblingsspeise. Die Spielleitung notiert für jedes Kind seine Herzensdinge auf einem Blatt. Die Kinder bemalen ihr persönliches Blatt mit Buntstiften. Diese Steckbriefe des Herzens werden mit Namen versehen und an die Wand gehängt. Durch die Nennung und die Dokumentation der ganz persönlichen Herzensdinge, fühlen sich die Kinder gewertschätzt und in ihrem Geschmack bestärkt.

In den folgenden Tagen können einige dieser Herzensdinge in den Alltag mit aufgenommen werden. So schneiden die Kinder beispielsweise ihre Lieblingstiere aus Zeitschriften aus und kleben sie auf, die Lieblingsessen werden auf den wöchentlichen Speiseplan aufgenommen, die Lieblingsbücher vorgelesen, das Lieblingsspiel gespielt und die Lieblingslieder gesungen.

Mögliche Herzensdinge
- Lieblingstier
- Lieblingsfarbe
- Lieblingsessen
- Lieblingsbuch
- Lieblingsspiel
- Lieblingsspielzeug
- Lieblingskleidung
- Lieblingslied
- Lieblings ...

Varianten
- Die Kinder schneiden ihre Lieblingstiere aus Zeitschriften aus und kleben sie auf.
- Die Kinder bekommen ein Halstuch in ihrer Lieblingsfarbe zu einem geeigneten Anlass von der Spielleitung geschenkt.
- Das Lieblingsessen der Kinder findet Eingang in den wöchentlichen Speiseplan.
- Die Lieblingsbücher der Kinder werden nach und nach vorgelesen.
- Das Lieblingsspiel der Kinder wird gespielt.
- Die Lieblingslieder werden gesungen.

"Wenn du glaubst, ich lieb dich nicht
und treib mit dir nur Scherz,
so zünde ein Laternchen an
und leuchte mir ins Herz."

Spruch aus dem Poesiealbum

Ein Herz für Tiere und Pflanzen

Wir können nicht nur an andere Menschen lieb denken, sondern auch an Tiere und Pflanzen.

Alter: ab 4 Jahren
Material: Papier, Stift, Vogelfutter, Pflanzschale, Blumenerde, Weizensaat, Schaufel, Gießkanne, Wasser

In einem Gesprächskreis mit den Kindern finden wir heraus, wie wir Pflanzen und Tieren Gutes tun können. Gemeisam machen sie dann jeweils einen Plan, wer sich wann kümmert.

• **Vögel füttern**

Im Winter vereinbaren die Kinder einen Plan, nach dem jedes Kind an einem Tag dafür sorgt, dass die Vögel auf der Fensterbank Futter vorfinden.

• **Pflanzen heranziehen**

Die Kinder füllen Erde in die Pflanzschale, drücken die Weizenkörner auf der Erde an und begießen sie mit Wasser, sodass die Erde gut feucht ist, aber nicht zu nass. Jetzt machen sie einen Plan, dass jedes Kind einmal dafür sorgen muss, dass der Weizen täglich Wasser bekommt. Schon nach 14 Tagen sind grüne Hälmchen sichtbar.

Tipp
Der Weizen kann auch im Winter gezogen werden, er kündigt dann schon mitten im Winter den nächsten Frühling an …

Heilungsengel

Heilungsengel heilen einfach alles: Krankheiten, Verletzungen aller Art, äußerlich wie innerlich, Sorgen, selbst Liebeskummer. Von daher sind sie eng mit den Herzengeln verwandt. Jedoch heilen die Heilungsengel nicht im Sinne von „Zack, wieder heile" wie bei einem kaputten Spielzeug, das man mit ein wenig Klebstoff wieder zusammenklebt. Sie beziehen vielmehr den Menschen in den Heilungsprozess mit ein. Manche Naturheilpraktiker sagen sogar, die eigentliche „Störung im System" passiert früher als der Krankheitsausbruch. Wenn z.B. ein Mensch aus seinem inneren Gleichgewicht gerät und dann geschwächt ist, bekommt er einen Schnupfen oder Kopfschmerzen oder Schmerzen in den Beinen. Sobald wir das Symptom als solches entdeckt haben, kann der Heilungsprozess beginnen. Dann nämlich nimmt der Mensch die Stelle, die wehtut, besonders wahr und kümmert sich um diese, indem er sich ihr zuwendet. So unterstützt er selbst den Heilungsprozess. Er nimmt sich eine Auszeit vom „Funktionieren im Alltag", gönnt sich Ruhe, und wird von anderen Menschen umsorgt, die ihm helfen, wieder gesund zu werden. Insofern hat jede Krankheit oder jeder „Unfall" auch eine positive Seite. Besonders heilsam ist es, wenn andere für einen da sind. Das tut gut, das tut der Seele gut und die kranke Stelle beginnt zu heilen. Im Heilungsprozess werden wir belastende Situationen los, wir bereinigen das Vergangene. Darum sind Heilungsengel auch für Reinigung zuständig. Durch die Heilung kommt der Mensch wieder in sein Gleichgewicht, Körper und Seele geraten in Einklang.

Chef der Heilungsengel ist der Erzengel Raphael. Sein Name bedeutet im Hebräischen rafa el „Gott heilt (die Seele)".

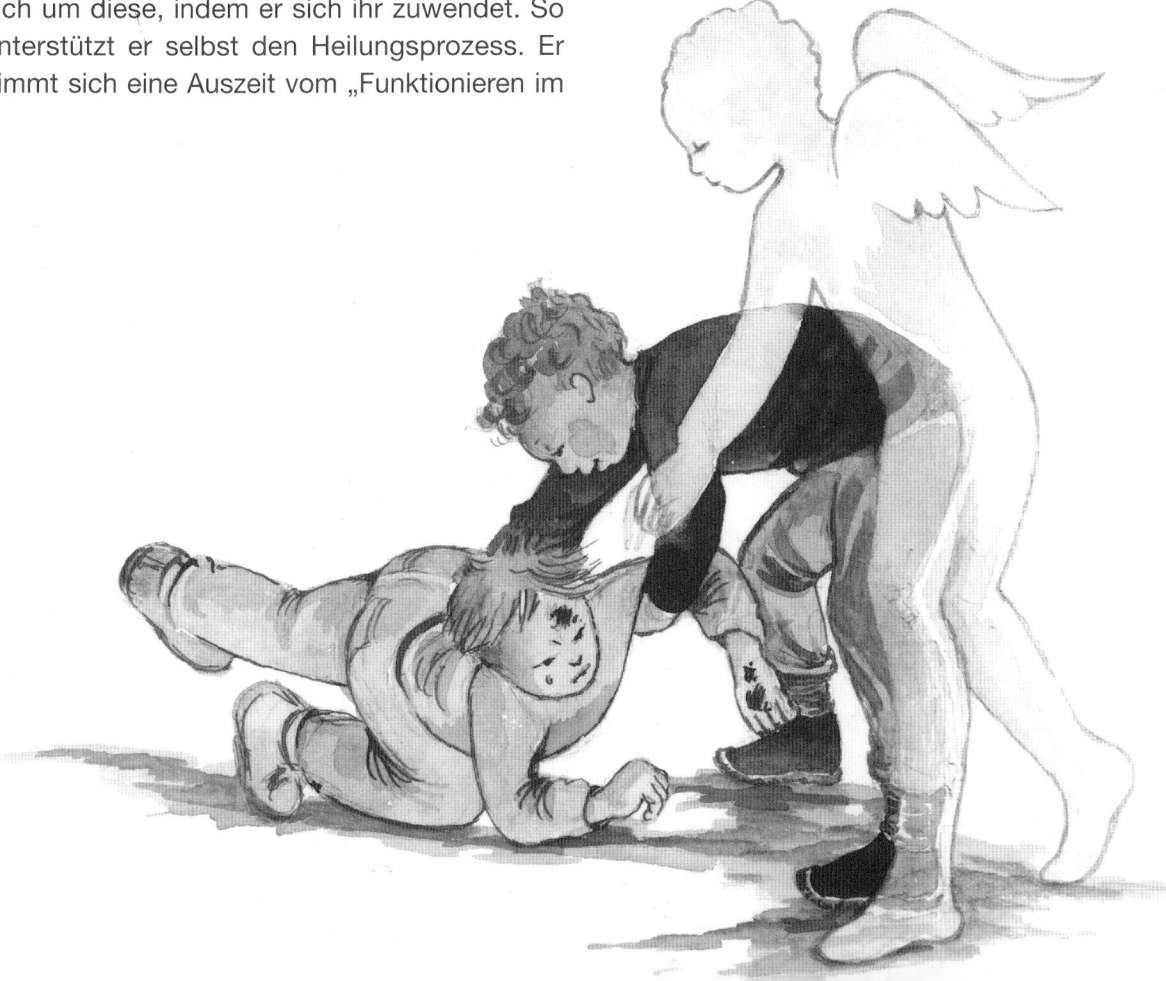

Körper an Seele

Nr. 09
Text: Susanne Steffe
Musik: Dorle Ferber

1. Strophe

Kör-per an See-le: „Oh, je-mi-neh! Mein Herz tut mir seit ges-tern weh! Ich
weiß ja gar nicht, was ich hab, am bes-ten le-gen wir uns ab."

2. Strophe

See-le an Kör-per: „Sehr gut er-kannt, wir füh-len uns ein we-nig krank! Ich
lei-de wohl un-ter See-len-schmerz, da-rum hast du ein schwe-res Herz."

Refrain

„Hal-lo, hier sind die hei-len-den En-gel, sprich dei-ne Nach-richt auf Band.
Wir sind jetzt al-le noch un-ter-wegs, denn vie-le Men-schen sind krank.
Wir kom-men dann auch gleich zu dir nach gu-tem En-gel-brauch. Bis
da-hin tu doch sel-ber was für See-le, Kopf und Bauch."

Interlude

1. Körper an Seele: „Oh, jemine!
Mein Herz tut mir seit gestern weh!
Ich weiß ja gar nicht, was ich hab,
am besten legen wir uns ab."

2. Seele an Körper: „Sehr gut erkannt,
wir fühlen uns ein wenig krank!
Ich leide wohl unter Seelenschmerz,
darum hast du ein schweres Herz."

Refrain
„Hallo, hier sind die heilenden Engel,
sprich deine Nachricht auf Band.
Wir sind jetzt alle noch unterwegs,
denn viele Menschen sind krank.
Wir kommen dann auch gleich zu dir
nach gutem Engelbrauch.
Bis dahin tu doch selber was
für Seele, Kopf und Bauch."

3. Körper an Seele: „Na wunderbar!
Dann ist ja nun die Ursache klar.
Wer hilft uns aber die Beschwerden
schnellstens wieder los zu werden?"

4. Seele an Körper: „Ganz ungelogen,
ich hab' da so einen Draht nach oben
und ruf' jetzt die heilenden Engel an,
mal sehen, ob einer uns helfen kann."

„Hallo, hier sind …"

5. Körper an Seele: „Was war das?
Ein Heilungsengel? Ohne Spaß?
Vielleicht sollt' ich spazieren geh'n,
statt jammernd hier herum zu steh'n?"

6. Seele an Körper: „Ja, ganz ohne Witz,
fit wirst du nicht im Schneidersitz.
Der Engel hat Recht, beweg' dich nur,
mach' doch mal eine Fahrradtour."

7. Körper an Seele: „Ja, und was dann?
Wie lange soll ich Fahrrad fahr'n?
Ich will die Engel nicht verpassen,
oder gar auf mich warten lassen."

8. Seele an Körper: „Befolge den Rat,
den dir der Engel am Telefon gab.
Er heilt uns ja, sobald er nur kann,
hör doch, ich ruf noch mal an."

„Hallo, hier sind ..."

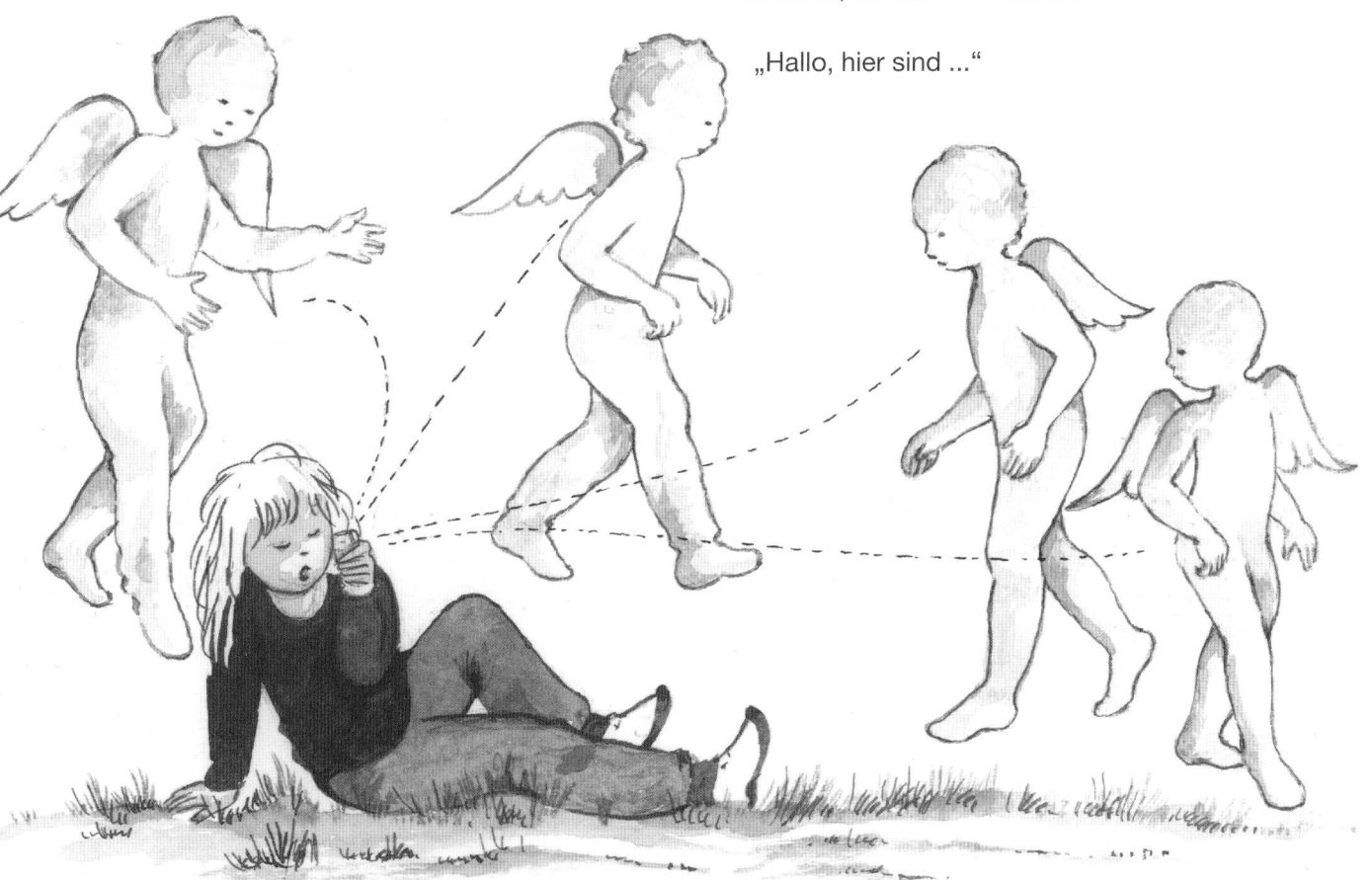

Krank feiern

Robert fühlt sich heute Morgen gar nicht gut. Der Hals kratzt und das Schlucken tut weh. Gestern war er noch lange draußen gewesen, als es bereits kühl war. Schlimmer noch, er hat sich mit seinem besten Freund Sebastian im Park gestritten und ihn vor Zorn richtig angebrüllt. Das ging ihm jetzt noch nach.

Robert bleibt im Bett und ruft seine Mutter. „Hm", sagt sie, „das sieht mir ganz nach einer Erkältung aus. Ich glaube, du bleibst am besten heute im Bett, denn je früher man so eine Erkältung auskuriert, desto besser die Heilung. Mit Halsschmerzen in der Schule zu sitzen macht keinen Sinn, davon wird es nicht besser. Ich mache dir jetzt einen Tee und bringe ihn dir ans Bett!" Robert ist das sehr recht, denn er hat auch gar keine Lust, heute die anderen zu sehen. Er will seine Ruhe haben. Gemütlich kuschelt er sich unter seine Bettdecke. Ach, was für eine Wohltat — nichts tun zu müssen und heute mal „frei" von allem zu haben. Unten pfeift schon der Wasserkessel, ah, gleich kommt der Tee, denkt Robert.

„Du, ich hab gerade mit Dr. Engelken gesprochen", sagt seine Mutter, als sie ihm den Tee bringt. „Der meinte auch, das ist sicher nichts Schlimmes. Es geht im Moment eine Erkältungswelle um, in drei Tagen wirst du wieder putzmunter sein." Ach, tut das gut, sich drei Tage um nichts kümmern zu müssen, denkt Robert. Der Tee ist noch heiß, Mutter hat ihm auch noch Honig und Zitrone reingetan. „Ich rufe jetzt noch in der Schule an und entschuldige dich bei der Klassenlehrerin", sagt seine Mutter und ist auch schon wieder verschwunden. Ist das prima, denkt Robert, ich bleibe einfach im Bett liegen. Genüsslich schlürft er den Tee und spürt, wie wohl er seiner Kehle tut. „Gute Besserung wünscht deine Lehrerin!", ruft Mutter von unten. „Sie gibt Sebastian die Hausaufgaben mit, du kannst sie heute Mittag dann machen, aber nur, wenn du dich danach fühlst, meint sie." Mutter bringt ihm noch seinen himmelblauen Wollschal, damit der Hals es schön warm hat.

Eigentlich geht es mir jetzt schon viel besser, denkt Robert, so eine Krankheit hat auch viele Vorteile, man wird umsorgt — herrlich, denn krank ist krank und das akzeptiert jeder. „Du, Robert, erinnerst du dich noch an den Heilsegensspruch von früher?", fragt seine Mutter, als sie in sein Zimmer kommt. „Was für ein Ding?", fragt Robert. „Heile, heile Segen, drei Tag Regen, drei Tage Schnee, tut nimmer, nimmer weh!" Robert lacht: „Hol mir lieber meinen Abenteuerroman unterm Bett vor, ich habe ewig nicht weitergelesen." Mütter übertreiben es immer ein bisschen, denkt Robert, kommen einem immer mit irgendwelchem Kinderkram! Egal, hat ja niemand gehört ... Robert versinkt in seinem Schmöker und genießt seine Ruhe und Ablenkung.

Als am Mittag Sebastian auftaucht, geht es Robert schon viel besser, aber das sagt er nicht zu laut. Er wäre ja schön blöd, seinen Krankenstand gleich wieder aufzugeben. „Wie, krankfeiern, Alter?", grinst Sebastian und knufft Robert in die Seite. Ok, Sebastian ist nicht mehr böse wegen gestern. „Ja, Mann, das ist nicht schlecht, wenn einem alles ans Bett gebracht wird, 5-Sterne-Hotel, sage ich dir!" Beide lachen. Sebastian erzählt Robert, was in der Schule alles los war. Der Bartke hat Nachsitzen gekriegt, weil er sich mit der Lehrerin angelegt hat, und Nabil hat sein Handy verloren, Riesenaufstand, weil es ihm wahrscheinlich in der Umkleide geklaut worden ist.

Am Abend kribbelt es Robert schon wieder in den Beinen vom ewigen Liegen. Das hält man ja nicht lange aus, denkt er, rappelt sich auf, geht in die Küche und meint „Du, Mama, der Hals tut überhaupt nicht mehr weh, morgen bin ich wieder gesund. Ich brauche wieder Bewegung!" „O. K.", grinst seine Mutter, „wenn du das sagst, dann bist du wohl wieder geheilt."

Heile, heile, Segen, drei Tag Regen, drei Tage Schnee, tut nimmer, nimmer Weh.

Heilkreis. Eine Fantasiereise

Alter: ab 4 Jahren
Vorbereitung: Stuhlkreis, gedimmtes Licht

Für diese Fantasiereise legen wir uns einmal nicht auf Matten, sondern setzen uns auf Stühle in einen „Heilkreis". Wir stellen die Beine nebeneinander auf den Boden und legen die Hände auf die Knie. Wir schließen die Augen und stellen uns vor, dass wir innerlich Großputz machen. Dabei wird unser Körper von oben nach unten „ausgefegt". Wir wandern in Gedanken in unserem Körper von oben nach unten. So gehen wir vom Kopf … zum Hals … zur Brust und dem Rücken … über die Arme zum Bauch … zum Po … zu den Oberschenkeln … den Knien … den Waden … zu den Füßen. Über die Füße geben wir den „Kehricht", also den Abfall, das, was wir erübrigen können, direkt nach unten in die Erde. Die Erde kann das gut verarbeiten und alle, die im Boden leben, sind froh, wenn sie was zu tun haben …

So, jetzt wird in Gedanken „feucht gewischt". Vom Kopf … zum Hals … zu Brust und Rücken … Arme nicht vergessen, zum Bauch … zum Po … zu den Oberschenkeln … Knien … Waden … Füßen. Über die Füße fließt nun auch das „Putz-

wasser" direkt in die Erde. Auch das wird hier gut verarbeitet … So, jetzt ist alles sauber.

Nun öffnet mal die Augen und legt die Hände so wie ich mit der Handinnenfläche nach oben. Jetzt stellen wir uns vor, wir können mit den Händen „himmlische Heilkräfte" direkt empfangen. Ihr schließt wieder die Augen, atmet tief ein und aus und spürt, wie die Hände dabei warm werden. Von den Händen wandern die Heilkräfte durch die Arme nach oben zur Brust … zum Hals … zum Kopf … und genauso ins Becken … zum Po … und in die Beine. Mit jedem Atemzug genießt ihr die Heilwirkung im Körper.

Jetzt öffnen wir wieder die Augen und reichen uns die Hände. Wir spüren die geballte Wärme in unseren Händen und schicken uns gegenseitig Gesundheitswünsche zu. Das funktioniert wie Telegrammdrücken. Du, … (Name eines Kindes), beginnst und schickst ein kräftiges „Gesundheit!" an ein Kind, indem du dessen Namen nennst und deinem Nachbarkind die rechte Hand fest drückst. Der Gesundheitswunsch wandert dann von Hand zu Hand, bis er beim genannten Kind angekommen ist. Dieses darf das nächste Kind bestimmen, bis alle einmal dran waren.

Elementare Muntermacher

Dem Erzengel Rafael – dem Chef der Gesundheitsengel – wird die Farbe Grün zugeordnet. Grün gilt als Farbe der Hoffnung. Grün finden wir vor allem in der Natur, die wiederum viele Heil- *kräuter für uns bereithält. Also, raus ins Grüne und mal nachgeschaut, was wir dort Heilendes finden können.*

Wohltuende Wahrnehmung im Wald

Alter: ab 4 Jahren

Die Gruppe macht sich auf zu einem Waldspaziergang. Die Spielleitung richtet die Aufmerksamkeit der Kinder auf die Vorgänge im eigenen Körper mit diesen oder ähnlichen Sätzen:

- *Merkt ihr, wie die Bewegung uns gut tut? Uns wird es wärmer im Körper, das liegt daran, dass unser Körper durch das Laufen viel besser durchblutet wird. Außerdem ist die Luft, die wir einatmen, im Wald viel frischer, spürt ihr das? Es fühlt sich so an, also könnte unser Körper im Wald richtig „auslüften".*
- *Schaut mal in die Bäume, spürt ihr, wie das Grün den Augen gut tut?*
- *Hört mal auf die Vogelstimmen, ist das nicht angenehm, im Gegensatz zum Motorenlärm auf der Straße? Es heißt, sogar unsere Ohren können sich entspannen im Wald.*

Zur warmen Jahreszeit, schlägt die Spielleitung den Kindern vor, barfuß zu laufen. Dann sorgt der Waldboden für eine besonders gute Massage der Fußsohlen, was sich positiv auf den gesamten Körper auswirkt. Die Spielleitung fördert auch hier die Wahrnehmung der Kinder mit solchen oder ähnlichen Sätzen:

- *Spürt ihr, wie gut es unseren Füßen tut, echte Erde unter sich zu fühlen?*

Bei einem Bachlauf schlägt die Spielleitung vor, die Füße mal ins kalte Nass zu strecken. Auch dies begleitet sie mit Sätzen wie:

- *Spürt ihr, wie kalt das Wasser ist? Durch diesen Kälteschock an den Beinen läuft die Durchblutung im ganzen Körper hinterher auf Hochtouren.*

Danach schlägt die Spielleitung ein kleines Sonnenbad vor und kommentiert dies so oder ähnlich:

- *Spürt ihr, wie die Sonne uns wohlig wärmt?*
- *Genießt, wie das Sonnenlicht uns gut tut. Auch die Sonne wirkt sich positiv auf unseren Stoffwechsel aus und dient der Bildung von Vitaminen auf der Haut.*

Sammeln und Verarbeiten von Heilkräutern

Genaue Auskunft über heilende Pflanzen in der Natur gibt uns ein Heilkräuterlexikon mit Abbildungen der Pflanzen. Da es Hunderte von Heilkräutern und -pflanzen gibt, hier nur ein paar Beispiele, die Lust auf mehr machen.

Alter: ab 4 Jahren

- **Grünes Pflaster**

Verletzt sich jemand in der Natur, so finden wir Spitzwegerich am Wegesrand. Wie der Name sagt, hat Spitzwegerich spitze, lange Blätter. Er hilft bei Husten, aber auch bei der Wundheilung.

Die Kinder zerkauen zwei bis drei Blättchen im Mund, legen sie auf die Verletzung und decken sie mit ein paar frischen Blättern ab – fertig ist die Wundversorgung und es ist erstaunlich, wie schnell die Wunde damit heilt!

- **Löwenzahnsalat**

Zutaten: Löwenzahnblätter, Kopfsalat, Essig, Öl, Salz, Zucker

Im Frühling pflücken die Kinder frische Löwenzahnblätter und mischen sie zuhause unter Anleitung der Spielleitung zusammen mit Kopfsalatblättern, Essig und Öl, Salz und Zucker zu einem vitaminreichen und blutreinigenden Salat.

- **Kräutertee**

Zutaten: Kräuter, z.B. Kamille (krampflösend), Pfefferminze (erfrischend) oder Zitronenmelisse (beruhigend), evtl. Honig

Die Kinder sammeln unter Anleitung der Spielleitung Kräuter und kochen sie durch einfachen Aufguss mit kochendem Wasser zu einem Heiltee. Ein wenig Honig hinein gerührt verstärkt die Heilwirkung.

- **Johanniskrautöl**

Johanniskraut ist das Sommersonnengewächs. Es entfaltet zur Sommersonnenwende seine volle Heilkraft und bringt als Tinktur im Winter Sonnenlicht in depressive Gemüter.

Zutaten: 1 leeres Marmeladenglas, frische Johanniskrautblüten, gutes Olivenöl, Kaffeefilter, braunes Apothekenglas, Etikett, Stift

Die Kinder sammeln unter Anleitung der Spielleitung Johanniskrautblüten und verarbeiten sie später zu Johanniskrautöl.

Zubereitung
- Das Marmeladenglas mit frischen Johanniskrautblüten füllen.
- Das Olivenöl über die Blüten gießen, bis alle gut bedeckt sind.
- Den Deckel fest verschließen und das Glas drei bis sechs Wochen in die Sonne stellen, bis das Öl tiefrot ist.
- Während des Prozesses das Glas ab und zu schütteln.
- Das Öl zur Reinigung von Blütenresten durch einen Kaffeefilter gießen und in das Apothekerglas füllen.
- Das Etikett mit Datum der Abfüllung versehen.

Im Winter sich ab und zu mal mit dem Öl einreiben, es wärmt wie echtes Sonnenlicht. Innerlich eingenommen hilft es der Verdauung.

- **Geröstete Esskastanien**

Esskastanien wirken entzündungshemmend und schleimlösend.

Zutaten: Esskastanien, Messer, Backblech

Im Herbst sammeln die Kinder unter Anleitung der Spielleitung Esskastanien auf dem Waldweg.

Zubereitung

- Die Kinder ritzen in die Oberseite der Esskastanie mit dem Messer einen Schlitz und legen sie auf das Backblech.
- Die Spielleitung heizt den Ofen auf 200 °C vor und schiebt das Backblech hinein.

- Die Kinder beobachten durch das Glasfenster das Rösten der Kastanien.
- Nach etwa 10 Minuten können die Maronen aus dem Ofen genommen, geschält und noch heiß verzehrt werden. Diese wirken entzündungshemmend und schleimlösend, was gerade im Winter sehr von Vorteil ist.

Heilgymnastik – Die fünf Tibeter für Kinder

Besonders in der Religion des Hinduismus wird die Vorstellung vertreten, dass es im menschlichen Körper ebenso eine Himmelsleiter gibt wie im göttlichen Kosmos. Dies ist die Wissenschaft der Chakren, verschiedener Kraftzentren im Körper des Menschen.

Auch in der Ikonografie (den Heiligenbildern) finden wir besonders geschmückte Körperpartien von Engeln wie goldene Gürtelschnallen oder goldene Diademe, die im Zusammenhang mit den Kraftzentren gesehen werden können. Das Sanskritwort Chakra bedeutet Rad. So sollen die Chakras wie lebendige Räder die gewaltigen Schwingungen des göttlichen Kosmos in harmonisch fließende Energieströme des Menschen körperlich wie seelisch durchdringen. Die fünf Übungen der Tibeter, so ist der Name dafür, sorgen für ein harmonisches Zusammenspiel von Körper und Seele und sind somit für die Heilungsengel eine willkommene Gymnastik. Den Kindern (und auch den Erwachsenen) machen diese Übungen auf jeden Fall viel Spaß.

Alter: ab 4 Jahren
Material: möglichst Teppichboden, Strümpfe (zum besseren Drehen), „Körper an Seele" (CD-Nr. 09, s. S. 48)

Die Kinder verteilen sich so im Raum, dass jedes Kind genügend Platz hat, sich mit ausgebreiteten Armen zu drehen, ohne andere dabei zu berühren. Die Übungen werden zuerst einmal hintereinander ohne Musik erklärt und vorgeführt,

dann machen die Kinder die Übungen nach. So kann die Spielleitung die Haltung korrigieren und die Kinder können sich den Platz für die verschiedenen Übungen gut einteilen. Anschließend wird auf „coole" Musik geturnt, damit es Spaß macht und der „heilige Ernst" außen vor bleibt.

1. Tibeter

- Grundstellung: Die Füße nebeneinander stellen.
- Im Uhrzeigersinn um die eigene Achse drehen.
- Den linken Arm zur Seite strecken und mit der Handfläche nach oben öffnen.
- Den rechten Arm nach oben strecken, um die Drehung mit einer Kreisbewegung der Hand zu unterstützen.
- Mit dem linken Fuß abstoßen, der rechte ist Dreh- und Angelpunkt. Rechtsherum zehnmal zur Musik drehen.
- Kommt ein Schwindelgefühl auf, die Hände falten und mit den Augen einen Punkt im Raum fixieren, schon beruhigt sich der Schwindel.

2. Tibeter

- Grundstellung: Mit dem Rücken auf den Teppichboden legen.
- Die Hände mit der Handfläche nach unten seitlich neben den Po legen.
- Die Beine anwinkeln und geschlossen senkrecht nach oben strecken, gleichzeitig den Kopf anheben.
- Die Beine wieder anwinkeln und gleichzeitig mit dem Kopf auf den Boden legen.

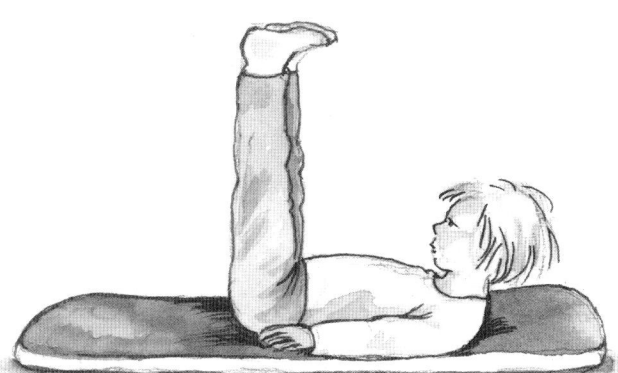

3. Tibeter

- Grundstellung: Mit dem Po auf die Waden setzen, die Stirn vor die Knie auf den Boden legen und die Arme seitlich neben den Körper mit den Handflächen nach oben.
- Den Körper aufrichten, bis der Kopf im Nacken liegt, und die Hände drehen, so dass die Handflächen in Blickrichtung zeigen.
- Den Kopf nach unten beugen zur Grundstellung.

4. Tibeter

- Grundstellung: Auf den Po setzen. Die Hände mit der Handfläche hinter den Po legen, so dass die Fingerspitzen Richtung Füße zeigen.
- In einer Bewegung den Po (das Becken) nach oben drücken, sodass der Körper von den Knien bis zur Schulter eine Art Tisch bildet.
- Der Kopf geht mit, die Augen blicken zur Zimmerdecke.
- Zur Grundstellung zurück.

5. Tibeter

- Grundposition: Die Hände auf den Teppich legen, die Füße auf den Boden stellen, den Po zur Decke recken, so dass der ganze Körper ein Dach bildet. Die Augen blicken zum Boden.
- Das Becken auf den Boden drücken, die Augen blicken zur Zimmerdecke.
- Danach zur Grundposition zurück.

Sind alle Übungen ohne Musik erklärt und nachgemacht worden, werden sie von den Kindern hintereinander jeweils zehnmal auf Musik geturnt.

Heilende Hände

Wohl temperierte Hände tun bei der Massage Körper und Seele gleichermaßen gut.

Alter: ab 4 Jahren
Material: Bodenmatten oder Teppichboden

- Die Kinder bilden Paare.
- Ein Kind legt sich bäuchlings auf die Bodenmatte.
- Das andere Kind legt seine Hände auf den Rücken des Partnerkindes. Es konzentriert sich auf seine Hände und stellt sich vor, wie die Hände langsam warm werden.

- Diese Wärme spürt auch das Partnerkind. Durch die Wärme entspannen sich die Rückenmuskeln.
- Die Hände wandern von oben nach unten auf dem Rücken entlang und verweilen an jeder Stelle einige Minuten, um die Wärme wirken zu lassen: Auf den Schulterblättern … zwischen den Schultern … auf den Rippen … auf dem Becken.
- Das liegende Kind gibt am Schluss noch einmal an, wo es die wärmenden Hände am ehesten braucht und dirigiert das Partnerkind entsprechend.
- Danach wird gewechselt.

Erstausstattung für kleine Rotkreuzengel

Kinder lieben es, Arzt zu spielen. Deshalb sollte immer ein Koffer mit nützlichen Dingen gefüllt sein, den die Kinder bei Bedarf nehmen können, um anderen zu helfen.

Alter: ab 4 Jahren
Material: 1 kleiner Spielkoffer, 1 Trillerpfeife, 1 Wundspray für Kinder (Apotheke), Mullläppchen, Kinderpflaster, Mullbinden, Trostpflaster (evtl. Gummibärchen aus Fruchtsaft), Ringelblumensalbe, 1 Lupe, 1 Pinzette, evtl. 1 Zwiebel, Grünes Pflaster (s. S. 53)

- Mit der Trillerpfeife alarmieren Kinder die Erwachsenen, wenn sich ein Kind verletzt hat, z.B. bei einer Wanderung.
- Wundspray hilft bei einer Hautschürfung zur Desinfektion der Wunde. Den Kindern den richtigen Umgang mit dem Spray zeigen! Darauf achten, dass das Wundspray nicht mit offenem Feuer in Kontakt kommt und sich entzündet.
- Ein „Trostpflästerchen" hilft als Erstmedizin über den Schock nach einer Verletzung.

- Ein bunt bedrucktes Kinderpflaster schützt nicht nur die Wunde, sondern spendet auch Trost.
- Ringelblumensalbe ist immer gut, egal ob bei Wundversorgung oder stumpfer Verletzung.
- Mit einer Lupe können die Kinder einen Dorn oder Spreisel besser sehen.
- Mit der Pinzette lassen sich Bienenstachel, Spreisel oder Dornen rasch entfernen.
- Bei Bienenstich hilft neben einer frisch aufgeschnittenen Zwiebel übrigens auch ein Grünes Pflaster aus Spitzwegerich.

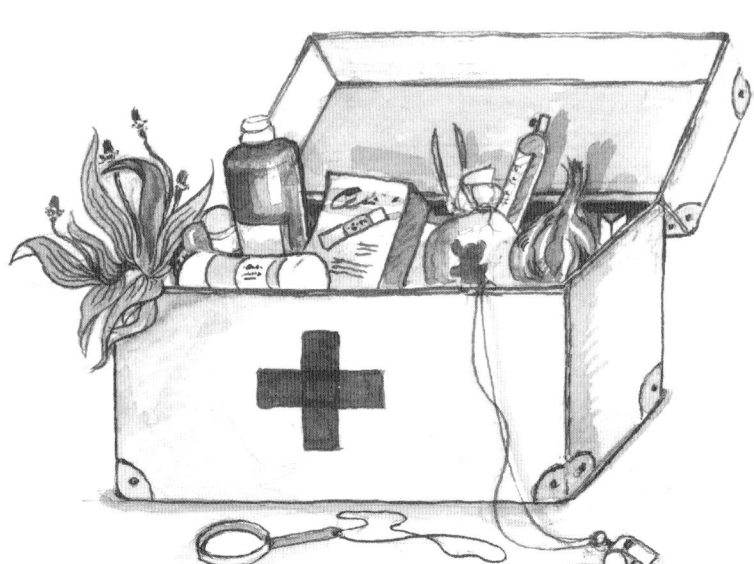

Heilende Essenzen

Reine ätherische Öle haben ebenfalls eine wohltuende Wirkung auf Körper und Seele. Schon ein paar Tröpfchen davon entfalten in der Duftlampe ihre Heilkraft.

Alter: ab 4 Jahren
Material: ätherische Öle (z.B. Lavendel, Orange, Zitrone, Melisse, Vanille, Minze, Tanne), 1 Duftlampe, Wasser, Teelicht, Streichhölzer

Die Spielleitung füllt die Duftlampe mit Wasser. Sie entscheidet, welches ätherische Öl den Kindern gerade am besten tun könnte (s. Wirkung der Öle). Sie gibt drei Tropfen des Öls in das Wasser und entzündet das Teelicht der Duftlampe. Sie ruft die Kinder zusammen, diese schnuppern den heilsamen Duft und raten, was für eine Heilpflanze das sein könnte. Die Spielleitung erläutert, welche Wirkung das betreffende Öl hat.

- Lavendel wirkt harmonisierend.
- Orange wirkt aufmunternd.
- Zitrone wirkt erfrischend.
- Melisse wirkt beruhigend.
- Vanille wirkt tröstend.
- Minze wirkt klärend.
- Tanne wirkt festlich.

Heilsteine

Auch Steine haben Engel, heißt es, und tatsächlich soll von jedem Stein eine Heilwirkung ausgehen. Bei Edelsteinen soll sogar in jeder geschliffenen Edelsteinfacette ein Engel wohnen …

Alter: ab 4 Jahren
Material: verschiedene Trommelsteine (heißen so, weil sie in Trommeln rundgeschliffen werden)

Jedes Kind wählt sich einen Stein aus. Die Spielleitung sagt, welcher Engel darin wohnt.
- Schutzengel wohnen in weißen und klaren Steinen.
- Kopfengel bevorzugen als Wohnung lila und dunkelblaue Steine.
- Herzengel wohnen am liebsten in rosa Steinen.
- Heilungsengel wohnen – völlig klar – in grünen Steinen, die möglichst noch ein paar rote Einsprengsel haben.
- Engel der Kreativität bewohnen türkisfarbene Steine.
- Kraftengel bevorzugen gelbe Steine.
- Engel der Leichtigkeit fühlen sich in orangefarbenen Steinen wohl.
- Mutengel behausen rote Steine.

(vgl. Michael Gienger, Die Steinheilkunde, Verlag Neue Erde)

Heilungsengel am Band

Im Hinduismus sagt die Lehre von den Chakren, dass durch die Energiezonen im Körper die göttliche Lebenskraft „Qi" (sprich: Chi) fließt. Diese Chakren finden sich entlang der Wirbelsäule. Auch ihnen werden Engel zugeordnet (s. Die fünf Tibeter, S. 54).

Alter: ab 4 Jahren
Material: Schutzengelanhänger (s. S. 21), kleine Strasssteine in allen Regenbogenfarben

Die Kinder gestalten einen Schutzengelanhänger und drücken kleine Steine vor dem Aushärten im Backofen in die Form: den weißen Strassstein auf den Scheitel, den lila oder blauen auf die Stirn und die anderen wie die Wirbelsäule von oben nach unten.

Tipp
Diese Heilungsengel sind ein schönes Geschenk für kleine Schnupfnasen, damit ihre Lebenskraft wieder fließen kann.

Engel der Kreativität

Wie ist das mit der Kreativität? Woher kommen all die guten Einfälle? Fallen die geradewegs vom Himmel, vielleicht direkt von oben? Naja, irgendetwas scheint daran zu sein, berichten doch manche Kreativen unter uns, dass bei der Eingebung oft die Hand eines Engels im Spiel zu sein scheint. Wenn z.B. ein zu schreibender Text erst einmal in Fluss gekommen ist, huschen die Finger über die Tasten und die Geschichte schreibt sich, Idee für Idee, fast wie von selbst. Bei einem Musiker oder Komponisten fügt sich plötzlich die Melodie zusammen, Ton für Ton, bei einem Maler wischt der Pinsel über die Leinwand, Strich für Strich, und der Künstler bzw. die Künstlerin staunt selbst über das neue Werk. Doch nicht nur Künstler erzählen von diesen Schaffensprozessen, kreative Köpfe gibt es überall. Da entsteht urplötzlich eine neue Idee für ein großartiges Projekt, da ist auf einmal eine genial einfache Lösung da, und das Problem löst sich in Wohlgefallen auf. In märchenhafter Weise folgt auf eine Herausforderung das gute Ende. Es scheint gerade so, als wären Problemlösungen schon längst auf der Welt, wir müssen sie nur sehen – im richtigen Augenblick.

Kreativität leitet sich ab aus dem Lateinischen creare, „erschaffen", und meint schöpferisch eigene Ideen entwickeln, erfindungsreich sein. „Not macht erfinderisch" heißt ein Sprichwort. Demnach sind die Kreativitätsengel ein sehr lösungsorientiertes Völkchen. Ihre wichtigste Botschaft ist wohl, dass es für alles eine Lösung gibt. Das zu wissen und darauf zu vertrauen, hilft im Leben ungemein. Permanent gestalten wir etwas, ob ein Bild oder ein Essen, ein schönes Fest oder die Beziehung zu anderen. Mit allem, was wir gestalten, kreieren wir das Leben.

Wie alle Engel, sind auch die Engel der Kreativität sehr auf unsere Mithilfe angewiesen. Stellt sich uns eine neue Situation, kramen wir in unserem Gehirnstübchen, ob es zur Lösung des Problems schon Vorerfahrungen gibt, die uns behilflich sein könnten auf dem Weg der Lösungsfindung. Während wir unbewusst an der Lösung arbeiten, tun wir oft etwas anderes, lenken uns scheinbar ab, dabei arbeitet unser Gehirn auf Hochtouren. Dann, wenn wir es gar nicht vermuten – plötzlich und unvermittelt – ist die Lösung da. Man nennt das auch einen Geistesblitz. Wir fühlen uns beflügelt von der neuen Idee, und voller Begeisterung begeben wir uns an ihre Umsetzung.

Zur Kreativität gehört die Inspiration, lateinisch inspirare, „(hin)einhauchen". Wir sprechen auch von der „göttlichen Begeisterung" (Enthusiasmus). Und wer so einen Geistesblitz schon einmal erlebt hat, weiß, was damit gemeint ist. Um etwas Neues zu kreieren, zu erschaffen, braucht es auch eine Menge Vorstellungskraft, die sich von kleineren Problemen auf dem Weg der Realisierung nicht abhalten lässt.

Ich stelle mir vor, dass alle Engel aus der Abteilung Kreativität, ob Erfinderengel, Inspirationsengel, Fantasieengel oder Durchhalteengel, oft zusammen in großen Konferenzen sitzen und mitdenken. Denn je mehr sich am Lösungsprozess beteiligen, desto besser wird das Ergebnis! Großes Vorbild beim schöpferischen Akt ist Gott selbst, der Himmel und Erde erschaffen hat. So genial kann keine Menschenhand sein, aber wir sind ja hier auf Erden, um zu üben und unsere Erfahrungen zu sammeln – Gott sei Dank.

Reich dem Engel die Hand

Nr. 11
Text: Susanne Steffe
Musik: Dorle Ferber

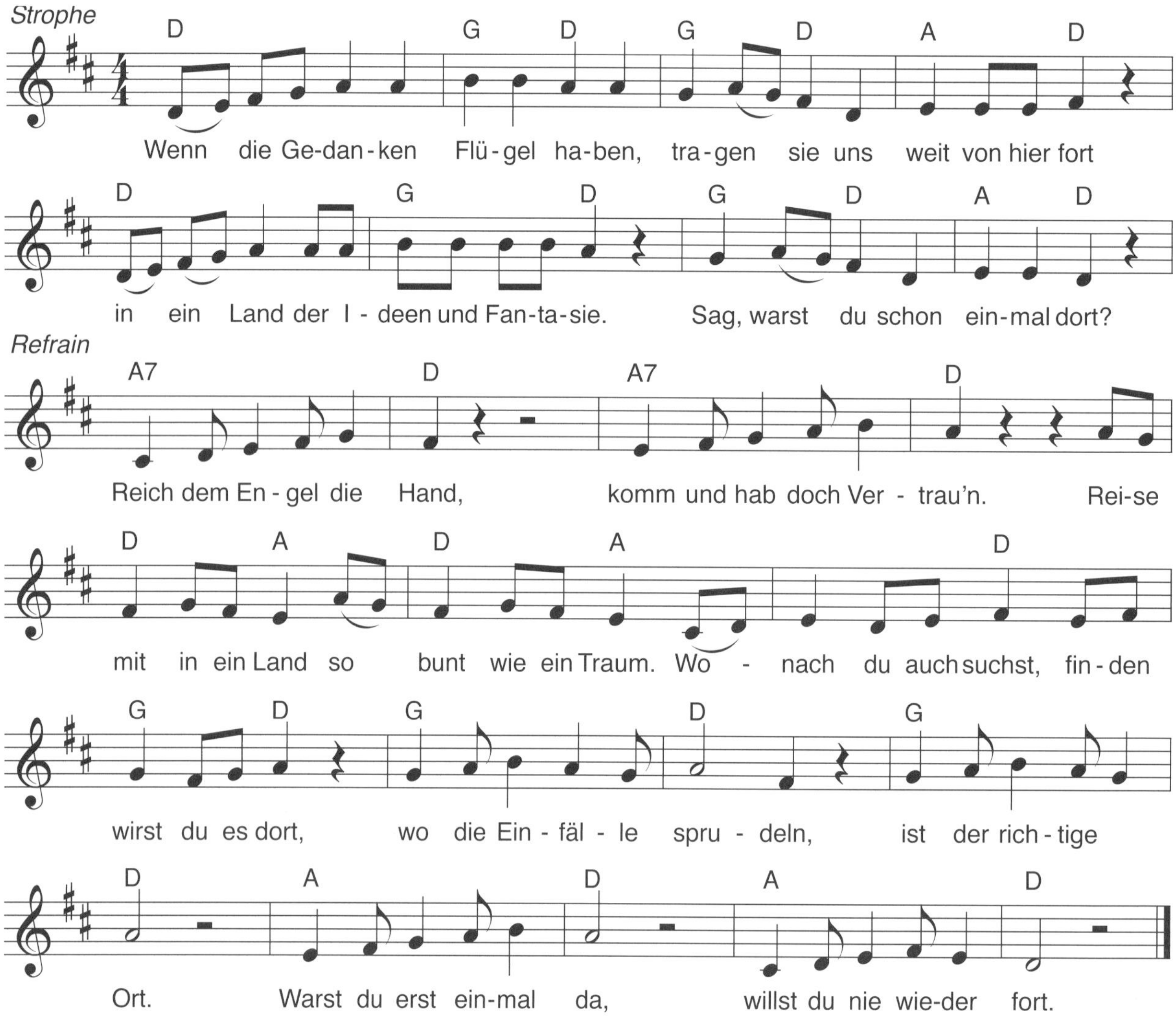
Strophe
D G D G D A D
Wenn die Ge-dan-ken Flü-gel ha-ben, tra-gen sie uns weit von hier fort
D G D G D A D
in ein Land der I - deen und Fan-ta-sie. Sag, warst du schon ein-mal dort?
Refrain
A7 D A7 D
Reich dem En - gel die Hand, komm und hab doch Ver - trau'n. Rei-se
D A D A D
mit in ein Land so bunt wie ein Traum. Wo - nach du auch suchst, fin-den
G D G D G
wirst du es dort, wo die Ein - fäl - le spru - deln, ist der rich - tige
D A D A D
Ort. Warst du erst ein-mal da, willst du nie wie-der fort.

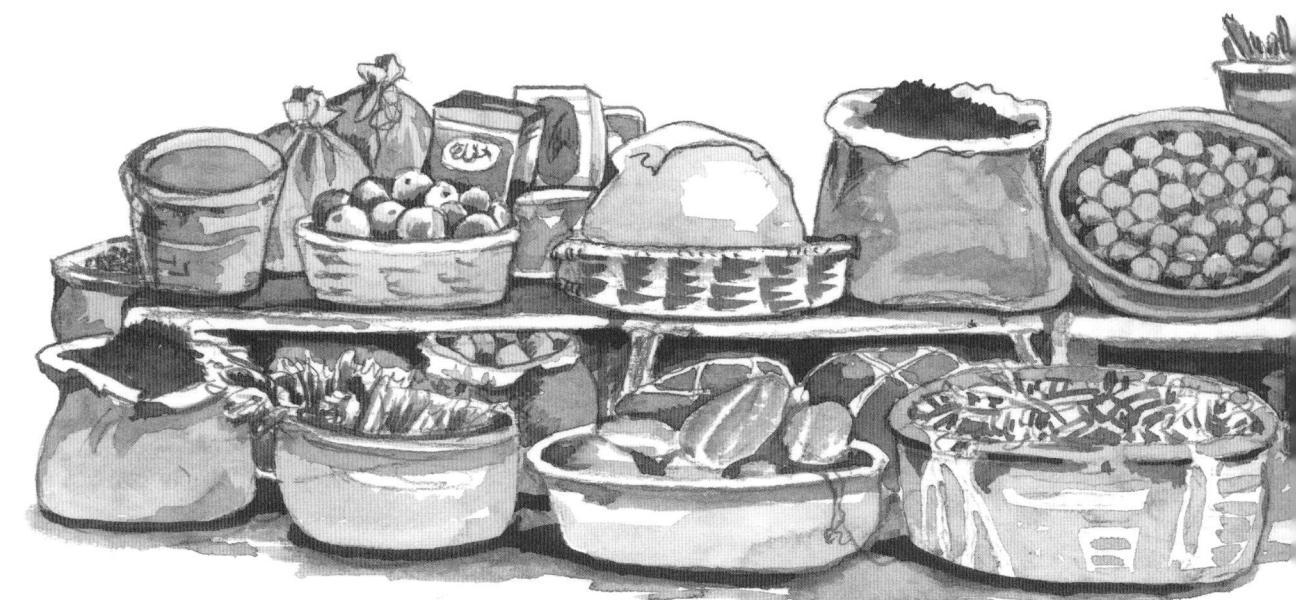

1. Wenn die Gedanken Flügel haben,
tragen sie uns weit von hier fort
in ein Land der Ideen und Fantasie.
Sag, warst du schon einmal dort?

Refrain
Reich dem Engel die Hand,
komm und hab doch Vertrau'n.
Reise mit in ein Land
so bunt wie ein Traum.
Wonach du auch suchst,
finden wirst du es dort,
wo die Einfälle sprudeln,
ist der richtige Ort.
Warst du erst einmal da,
willst du nie wieder fort.

2. Schau nach oben in den Himmel,
vielleicht kannst du die Engel sehn,
wie sie einem Erfinder helfen
bei der Lösung eines Problems.

Reich dem Engel die Hand …

3. An bunten Quellen himmlischer Kraft
findet der Dichter zum Wort.
Ein Maler sieht in Farbe sein Bild,
sag, warst du schon einmal dort?

Reich dem Engel die Hand …

4. Wenn schöne Musik das Herz erfüllt,
woll'n wir im Tanze uns dreh'n.
Ein bunter Engel hat uns entführt
in ein Land voller Töne, so schön!

Reich dem Engel die Hand …

Die Engelkonferenz

Oben im Himmel wird heute eine große Konferenz in der Abteilung Kreativitätsengel abgehalten. Schon lange ist den Engeln aufgefallen, dass die Menschen immer bequemer und antriebsärmer werden. Sie sitzen nur noch vor dem Fernseher, lassen sich den ganzen Tag berieseln, bewegen sich kaum. Und das Schlimmste ist, die Kinder, denen doch seit Menschengedenken immer etwas eingefallen ist, jammern den ganzen Tag über Langeweile, unternehmen gar nichts mehr, um ihren Tag zu gestalten. Einem Erfinderengel platzt der Kragen, im Himmel heißt das, ihn packt der heilige Zorn. Jetzt haben die da unten einfach alle Möglichkeiten, alle Materialen, alles, um etwas zu tun, und was machen sie? Nichts. Sie jammern und nörgeln nur. Ein Inspirationsengel meldet sich zu Wort. „Du hast Recht. Dabei bieten wir doch alle Unterstützung, geben göttliche Impulse, verleihen ihren Gedanken Flügel, aber nein — sie jammern." Ein besonders bunt schillernder Fantasieengel lässt die Flügel hängen: „Sie kennen noch nicht einmal mehr meinen Namen. Sie spüren gar nicht, wie toll es ist, Einfälle zu haben, Geschichten oder Spiele zu erfinden, oder was auch immer." Ein Vorstellungsengel fällt ins Wort: „Sie entwickeln auch keine Zukunftspläne mehr, ihnen fehlt gänzlich die Vorstellung, dass alles anders sein könnte, wenn sie nur wollten." Da äußert sich der jüngste Engel zu Wort: „Ich glaube, ich habe eine Idee, was wir machen könnten." „Was denn?", fragen alle Engel durcheinander.

Tja, was denn, frage ich nun euch. Welche Idee hat wohl der jüngste Engel, was hat er sich wohl überlegt, dass den Kindern nicht mehr langweilig ist und sie wieder gute Einfälle haben?

Himmlische Kreativwerkstätten

Die Kinder werden gemeinsam kreativ und entwickeln Ideen, wie die Geschichte „Die Engelkonferenz" (s. S. 62) weitergehen könnte.

Alter: ab 4 Jahren (mit Unterstützung der Spielleitung)
Material: 1 Ringbuch, 1 Stift, Malpapier, Farben

In der Schreibwerkstatt

Die Spielleitung versammelt die Kinder um sich und notiert ihre spontanen Einfälle, welche Idee der Engel wohl hatte und wie die Geschichte weitergehen könnte. Sie sammelt alles und schlägt vor, daraus gemeinsam eine Geschichte zu entwickeln. Jedes Kind soll eine Nacht darüber schlafen. Auch die Spielleitung lässt das Gesagte auf sich wirken, um ebenfalls Ideen zu entwickeln. Am nächsten Tag geht es weiter mit der Ideenwerkstatt für angehende Schreiberlinge.

In der Theaterwerkstatt

Das Theaterspielen eignet sich hervorragend, um Kreativität in ganz vielen Bereichen anzuregen. Aus dem Spielen heraus entstehen neue Ideen und Lösungsvorschläge, ein Stück weiterzuentwickeln. Fragen nach Kulissen und Kostümen rufen die Mal- und Bastelengel auf den Plan. Haben die Kinder eine Geschichte gemeinsam entwickelt, geht es an die Umsetzung. Die Spielleitung unterstützt und begleitet die Kinder bei diesem Projekt.

Variante für jüngere Kinder
Kinder im Kindergartenalter spielen nach der Methode des jeux dramatiques, d. h. die Spielleitung liest am Aufführungstag die Geschichte vor und die Kinder spielen ihr Stück aus dem Erleben, sie brauchen auf diese Weise keine Texte auswendig zu sprechen und bleiben bei der Vorführung nicht „stecken".

Variante für ältere Kinder
Schulkinder können schon Textrollen entwickeln und diese dann vorspielen. Tipps zur „Gewandung" von Engeln finden sich auf den Seiten 88 und 89, mögliche Tänze und Lieder auf den Seiten 37 und 112.

In der Kunstwerkstatt

Mit einem weißen Blatt Papier vor der Nase beginnt der kreative Akt. Im Zusammenspiel von Farben und Fingern stellen wir uns auch hier immer neuen Herausforderungen.

Alter: ab 4 Jahren
Material: Papier und Malzeug

- **Engel malen**

Getreu den wunderbaren Engeln von Paul Klee können wir sicher sein, dass schon die Kleinsten, geleitet von göttlicher Inspiration, Engel aufs Papier bringen können, ob sie nun Urkreuz oder Urknäuel oder „Kopffüßler" in der Malentwicklung des Kindes heißen. Alles können Engelsfiguren sein, zeigen sie sich doch in ganz unterschiedlicher Weise. Auch Schulkinder haben Spaß an der Engelmalerei. Paul Klee brachte seine Engel aufs Papier, ohne den Stift abzusetzen. Er zeichnete Flügel, Gesicht und Gewand der Engel in einem Zug. Die Kinder können mit dieser Methode alle Engel, denen sie in unserem Buch begegnen, malen. Egal ob Schutzengel, Forscherengel, Hausaufgabenengel, Herzengel, Heilungsengel, Engel der Kreativität. Auch die Engel aus den folgenden Kapiteln: Kraftengel, Engel der Leichtigkeit und Mutengel entstehen so. Alles, was die Kinder während der Beschäftigung mit diesem Buch selbst „erschaffen" haben, mündet in eine große Abschlussausstellung.

Himmlisches Licht

Nach der Übung „Himmlisches Licht durch geschlossene Lider" (s. S. 29) bringen die Kinder „Himmel" einmal auf eine andere Art und Weise zu Papier.

Alter: ab 4 Jahren
Material: Plakafarbe, Deckweiß, Malblock, feuchte Lappen zum Reinigen der Finger

Die Kinder bringen nach der Übung zu Papier, was sie durch die geschlossenen Lider gesehen haben.
- Mit dem Ringfinger der einen Hand das „himmlische Licht" in Hellblau oder Gelb in die Mitte des Bildes malen.

- Nach und nach Farbkreise auf das Papier einfügen – einmal mit „Wolkenweiß", dann mit einer weiteren Farbe, sodass praktisch ein konzentrischer Regenbogen entsteht.
- Dieses meditative Tun so lange wiederholen, bis die Kinder selbst mit ihrem Himmelsbild zufrieden sind.

Tipp
Die Ergebnisse können als Vorlage für das Bühnenbild der Theaterwerkstatt (s. S. 63) genutzt werden.

Perspektiv

Wird für die Theaterwerkstatt ein Bühnenbild gestaltet, werden Bilder der Kinder als Vorlage auf Leinwand übertragen.

Alter: ab 4 Jahren (mit Unterstützung der Spielleitung)
Material: Bildvorlagen (s. Himmlisches Licht), 1 großes weißes Bettlaken, Baustellenscheinwerfer o. Ä., Dispersionsfarbe, Pinsel, schwarzer Theatervorhangstoff

Einen Vorschlag der Kinder auf Leinwand übertragen und mit Scheinwerfern von hinten beleuchten.
Um die Wirkung des Perspektivs zu verstärken, am vorderen Bühnenrand einen „Bilderrahmen" schaffen.
Dazu rechts und links der Bühne einen Streifen des schwarzen Bühnenvorhangs aufhängen.
Zur Verstärkung der Wirkung auch am Deckenrand die Vorhangschals mit einem schwarzen Stoff verbinden.

In der Erfinderwerkstatt

Wir können alles Mögliche auf der Welt erfinden, vieles haben die Menschen schon erfunden. Ohne die Engel der Kreativität hätten sie das nicht geschafft, denke ich. Um zu erleben, wie der Kreativitätsprozess bei Erfindungen vonstatten geht, erfinden die Kinder gemeinsam z.B. ein Brettspiel. Hier ein paar Inspirationen dazu:

- **Gedrängel auf der Himmelsleiter**

Entwickelt wird das kooperative Würfelspiel „Im Himmel gibt's keine Verlierer". Die acht Engelfiguren stehen für die acht Engel dieses Buches.

Alter: ab 6 Jahren
Material: himmelblauer Fotokarton, großer weißer Fotokarton, evtl. Klebesternchen, großes Lineal, Bleistift, Malfarben, Deckweiß, Pinsel, Schere, 8 Spielfiguren, Goldfolie, Klebstoff, Papier, Stift, Zahlenwürfel

Vorbereitung
- Oben auf den blauen Fotokarton mit Deckweiß eine Wolke malen, unten die Erde und zwischen Himmel und Erde die Himmelsleiter mit acht Sprossen.
- Den weißen Fotokarton auf der Rückseite

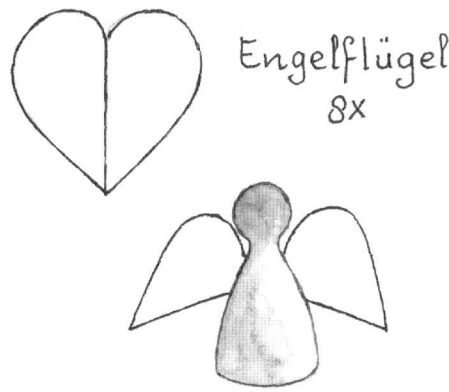

Engelflügel
8x

nach Belieben gestalten, z.B. dunkelblau bemalen.

- Die bemalte Rückseite nach dem Trocknen mit Sternchen bekleben.
- Den weißen Karton auf der Vorderseite mit Lineal und Bleistift in 32 gleich große Karten unterteilen.
- Die Karten ausschneiden.
- Vier der Spielfiguren rot, gelb, grün, und blau belassen, die anderen weiß, orange, türkis und rosa bemalen.
- Aus der Goldfolie acht kleine Engelflügel schneiden und an die Figürchen kleben.

Die Engelfiguren im gemalten Himmel aufstellen. Jeder Engel muss auf Erden zwei Aufgaben aus seiner Abteilung erfüllen. Wenn er jeweils eine Aufgabe erfüllt hat, nimmt er einen Wunsch mit nach oben. Das Spiel ist beendet, wenn alle Engel alle Aufgaben erledigt haben und wieder im Himmel sind. Gezogen werden sie von jedem Kind reihum mit dem Zahlenwürfel.

Jetzt sind die SpieleerfinderInnen gefragt.

- Die Spielleitung stellt die Engel nacheinander vor und die Kinder überlegen sich jeweils zwei Aufgaben für sie, also für Schutzengel (weiß), Kopfengel (blau), Herzengel (rosa), Heilungsengel (grün), Engel der Kreativität (türkis), Kraftengel (gelb), Engel der Leichtigkeit (orange) und Mutengel (rot).
- Kennen die Kinder die Engel noch nicht, erklärt die Spielleitung ihren Zuständigkeitsbereich.

- Die von den Kindern formulierten Aufgaben der Engel schreibt die Spielleitung jeweils auf eine Karte.
- Sind die Aufgaben formuliert, werden die Karten gemischt und mit dem Gesicht nach unten zu einem Stapel gelegt.
- Nun ersinnen die Kinder noch acht weitere beliebige Wünsche.
- Auch diese Wünsche schreibt die Spielleitung auf die restlichen 16 gestalteten Karten und legt sie zu einem zweiten Stapel mit der Vorderseite auf den Tisch.

Und schon kann es losgehen.

Spielverlauf

- Das erste Kind zieht eine Aufgabenkarte und liest sie vor (bei Nichtlesern liest die Spielleitung).
- Die Gruppe überlegt gemeinsam, welcher Engel zuständig ist.
- Das erste Kind wirft den Zahlenwürfel und lässt den ersten Engel auf der Himmelsleiter nach unten steigen.
- Nun geht es reihum, das nächste Kind zieht die Figur weiter bis zur Erde.
- Wird eine neue Aufgabe für diesen Engel gezogen, während er noch in anderem Auftrag unterwegs ist, wird die Aufgabe hintenan gestellt und die Karte wandert unter den Stapel.
- Sobald ein Engel auf der Erde ankommen ist (eventuell restliche Augen auf dem Würfel verfallen), zieht das Kind, das gerade an der Reihe ist, einen beliebigen Wunsch, liest ihn vor und ab geht es mit dem Engel wieder nach oben.
- Damit sich jeder merken kann, welcher Engel in welchem Auftrag unterwegs ist, gibt es auf der Leiter Rechts-vor-links-Verkehr.
- Sobald der Engel oben ist, erhält ein neuer Engel einen Auftrag. Das ist ein kooperatives Brettspiel, die Kinder bespielen die Figuren gemeinsam.

In der Zukunftswerkstatt

Mit zum Aufgabenbereich der Kreativitätsengel gehört die Hilfe bei der Lebensgestaltung der Menschen.

Alter: ab 6 Jahren
Material: Papier und Stift, Wandzeitungspapier

Die Spielleitung fragt die Kinder reihum, welche Zukunftswünsche sie haben. Dabei kommt es in diesem Alter noch nicht so sehr auf die konkrete Umsetzbarkeit der Wünsche an, sondern vielmehr darauf, das kreative Vorstellungsvermögen der Kinder in puncto Lebensgestaltung anzuregen. Fragen können hier sein:

- Was möchtet ihr später gerne einmal werden?
- Welchen Beruf hättet ihr gerne?
- Wie würdet ihr später gerne wohnen?
- Was ist euch für euer Leben später wichtig?

Die Kinder kommen ins Fabulieren und die Spielleitung notiert die Wünsche. Haben sich alle Kinder einmal über ihre Zukunft geäußert, hält die Spielleitung alles Gesagte auf einer Wandzeitung fest.

- **Himmel auf Erden. Eine Werkstatt**

Alter: ab 6 Jahren
Material: Papier, Stift

In dieser Werkstatt wird Ideenreichtum gefördert. Die Kinder überlegen sich, was sie auf der Erde stört und was geändert werden könnte. Sie werden dazu angeleitet, sich aktiv Gedanken zu machen, und stellen fest, dass jeder Mensch durch sein Handeln Einfluss nimmt. Wer kann, notiert selbst, ansonsten hilft die Spielleitung, was sich an Ideen findet. Daraus entsteht dann eine „Wandzeitung".

- **In der Planschmiede**

Alter: ab 4 Jahren
Material: Stift, Papier

In der Planschmiede werden Pläne geschmiedet. Sie wird immer einberufen, wenn es etwas zu planen gibt, ob einen Ausflug, ein neues Projekt oder ein bevorstehendes Fest. Die Kinder treffen sich im Stuhlkreis und jeder wird zu diesem Thema angehört. Die Spielleitung führt „Protokoll".

In der Lösungswerkstatt

Alter: ab 4 Jahren
Material: dicker Zeitungsstapel, breites Klebeband, Jonglierteller, 2 Stäbe (1 m lang), Gummibärchen o.Ä., 1 Tisch, 1 Teppich

Hier wird Lösungsorientierung geübt. Die Kinder erfüllen die beispielhaft genannten Aufgaben gemeinsam – denn die Welt können wir nur gemeinsam mit anderen gestalten. Damit beim Lösungsprozess nicht zu viel zerredet wird, spielen die Kinder nonverbal, also ohne Worte. Hier sind ein paar Aufgaben zum Warmwerden skizziert. Die Spielleitung kann gemeinsam mit den Kindern weitere Aufgaben erfinden.

- **Gemeinsamer Hausbau**

Aufgabe für Menschenkinder: „Baut aus Zeitungspapier und breitem Klebeband gemeinsam ein Haus, in das ihr alle hineinpasst".

- **Mit Stäben essen**

Die Gummibärchen auf den Jonglierteller legen, die Stäbe daneben.
Aufgabe für Menschenkinder: Die Gummibärchen dürfen nur mit Stäbchen gegessen werden, doch die Stäbe sind zu lang, um sie alleine an den Mund zu führen … Wie soll es also gehen?

Kraftengel

„Es ist unser Licht, nicht unsere Dunkelheit, die uns am meisten Angst macht.“

Nelson Mandela

Kraftengel sind ganz tüchtige Burschen. Sie stehen für unsere pure Lebenskraft. Diese Lebenskraft durchströmt uns und ist unser Motor im Leben. Sie vermittelt uns Standfestigkeit und Tatkraft. Mit ihr können wir anpacken im Leben, können Dinge verwirklichen. So arbeiten die Kraftengel eng mit den Engeln der Kreativität zusammen, denn fehlt die Standfestigkeit und Tatkraft, lassen sich auch die tollsten Ideen nicht umsetzen. Unsere Kraft wohnt in uns, strahlt von innen heraus, wie die Strahlen der Sonne. Diese Strahlen umgeben uns, durch sie schillern unsere Talente, Fähigkeiten und Bedürfnisse.

Eine Aufgabe der Kraftengel in diesem Buch ist es, dass sich die Kinder über die Fähigkeiten bewusst werden, die in ihnen schlummern. So verwirklichen wir mit dieser Lebenskraft nicht nur Dinge im Leben, sondern letztendlich uns selbst. Talent, aus dem lateinischen talentum, „Gabe“, „Begabung“ (als von Gott anvertrautem Gut), hat einen Namensvetter im Griechischen tálanton (einem bestimmten Gewicht entsprechende Geldsumme). Und so stehen die Kraftengel tatsächlich neben Lebenskraft und Erkennen der eigenen Talente auch für Fülle, Wohlstand und Gesundheit. Denn: Leben wir unser Potential, unsere Fähigkeiten voll aus, dann macht uns unsere Arbeit Spaß, sind wir mit Herz bei der Sache, dann sind wir mit allen unseren Fähigkeiten anwesend.

Du bist so stark!

Nr. 13
Text: Susanne Steffe
Musik: Dorle Ferber

Refrain

Du bist so stark, glaub fest da - ran, ein En - gel hilft dir,

wo er nur kann. Er ist im - mer bei dir zu je - der Zeit,

En - gel der Kraft sind zu al - lem be - reit! Und hast du ei - nen erst ent -

deckt, der sich in ei - nem Stein ver - steckt, dann

steck ihn in die Ta - sche rein, im Kraft - stein wohnt ein En - ge - lein.

Strophe

Hey, spring doch mal, so hoch du kannst, und dann kick ei - nen Ball rich - tig weit.

Denk dran, es gibt ei - nen En - gel der Kraft, der uns Men - schen Flü - gel ver - leiht!

Refrain
Du bist so stark, glaub fest daran,
ein Engel hilft dir, wo er nur kann.
Er ist immer bei dir zu jeder Zeit,
Engel der Kraft sind zu allem bereit!
Und hast du einen erst entdeckt,
der sich in einem Stein versteckt,
dann steck ihn in die Tasche rein,
im Kraftstein wohnt ein Engelein.

1. Hey, spring doch mal, so hoch du kannst,
und dann kick einen Ball richtig weit.
Denk dran, es gibt einen Engel der Kraft,
der uns Menschen Flügel verleiht!

2. Und bist du auch so klein wie'n Floh,
mach dir da mal nichts daraus.
Der winzige Floh hopst himmelhoch,
mancher Kleine hat's einfach drauf.

Du bist so stark, glaub fest daran …

3. Hey, steig doch mal auf den Kletterbaum
und spucke in die Ferne ganz weit.
Denk daran, es gibt einen Engel der Kraft,
der uns Menschen Flügel verleiht!

4. Und fühlst du dich ein wenig schwach,
dann ist das gar nicht schlimm.
Nimm den Kraftstein schnell in die Hand
und, schwupp, ist die Kraft in dir drin.

Du bist so stark, glaub fest daran …

Der Kraftengel kann in allen Dingen wohnen. So kann er sich in einem Stein verstecken, du kannst ihn in die Hosentasche stecken und mitnehmen. Hast du eine schwierige Sache zu erledigen, nimm ihn einfach mit.

Schmächtig, aber mächtig kräftig

Frühchenstation, Kinderklinik H7. Brutkästen, Aufzeichengeräte für Herz-, Atem- und Pulsfrequenz. Hinter Glas liegt der kleine Jonas, Geburtsgewicht 1380g, gerade mal ein bisschen mehr als ein Päckchen Mehl – ein klassisches Siebenmonatskind. Zwei Monate zu früh auf die Welt gekommen. Lang ist er schon, 42,5 cm, es fehlt ihm einzig Speck auf den Rippen. In den ersten Tagen verliert er noch Gewicht bis 1250g – doch dann startet er durch mit seinem Fliegengewicht. Tag für Tag sind 50g mehr auf der Waage. Die Eltern sind von früh bis spät da – singen ihm Lieder vor und wiegen ihn im Brutkasten. Mama darf ihn täglich rausholen zum Stillen, er entwickelt sich gut – und dann ist es geschafft. Die stationsleitende Kinderkrankenschwester nimmt die Eltern beiseite. „Ich habe heute mit der Ärztin gesprochen. Sie meint, mit 2000g ist Jonas zwar noch ein bisschen schmächtig, aber da er so fit ist, seine Temperatur gut hält und schön zunimmt, darf er morgen schon nach Hause, nicht zuletzt, weil Sie als Eltern so dabei sind." Wie meinte die Ärztin noch, fragen sich die Eltern? „Schmächtig, aber mächtig kräftig." Er habe so eine göttliche Lebenskraft an den Tag gelegt, dass sie ihn morgen getrost „springen lassen kann". Die Eltern schauen sich kurz an und in ihren Augen ist ein „Gott sei Dank" zu lesen.

Die Sonne in uns. Eine Fantasiereise

Alter: ab 4 Jahren
Material: pro Kind 1 Matte, evtl. Decken und Kissen

Die Spielleitung beginnt ganz ruhig zu erzählen.

Legt euch bequem auf eure Matte und lasst euren Atem kommen und gehen. Jeder von uns hat tatsächlich eine kleine Sonne in sich, denn etwa handbreit über unserem Bauchnabel ist das so genannte Sonnengeflecht. Hier laufen Nervenbahnen zusammen wie die Strahlen der Sonne. Atmet jetzt einmal zu dieser Stelle hin und spürt, wie die kleine Sonne euch wärmt. Stellt euch vor, sie schickt ihre Sonnenstrahlen durch unseren ganzen Körper als warmes goldenes Licht, genauso wie die Sonnenstrahlen vom Himmel. Zuerst schickt sie uns Sonnenschein in unser rechtes Bein ... Wir atmen ins rechte Bein und spüren, wie das Bein vom goldenen Schein ganz warm wird. Nun strahlt unsere eigene Sonne in unser linkes Bein ... auch unser linkes Bein wird warm vom inneren Sonnenschein. Unsere kleine Sonne scheint nun auch in unseren rechten Arm ... und auch dieser wird schön warm vom goldenen Sonnenlicht ... Nun wandern die Sonnenstrahlen in unseren linken Arm ... und auch dieser wird wohlig warm dadurch. Nun scheinen die Sonnenstrahlen unserer kleinen Sonne den ganzen Rücken entlang und wärmen unsere Schultern und unseren Nacken. Die Sonnenstrahlen erhellen auch unser Gehirnstübchen und auch da fühlen wir uns vom goldenen Licht umschmeichelt.

Die Sonne am Himmel steht für das Leben, denn mit ihrer Kraft wachsen und gedeihen die Pflanzen und spenden Nahrung in Fülle für Menschen und Tiere. Stellt euch nun vor, auch die kleine Sonne in uns schenkt uns Lebenskraft und Lebensfülle. Hier in unserer kleinen Sonne schlummern all unsere Fähigkeiten und Talente wie in einem Schatzkästlein. Wir müssen sie nur entdecken. Stellt euch dieses Schatzkästlein gefüllt mit lauter goldenen Talern vor, denn unsere Fähigkeiten und Talente verhelfen uns zu innerem Reichtum. Sie führen uns, wenn wir sie entdecken und pflegen, auch zu Wohlstand im Leben. Wer seine Fähigkeiten lebt, lebt in seiner Kraft. Wer seine Fähigkeiten lebt, spürt dadurch seine eigene Lebenskraft. Und indem wir unsere Fähigkeiten ausleben, gewinnen wir immer neue Kraft für neue Projekte. So ist die kleine Sonne das Sinnbild für unsere Lebenskraft.
Spürt jetzt noch einmal in eure kleine Sonne hinein und kommt dann langsam wieder hierher zurück.

Ausstrahlung

Jeder Mensch hat eine eigene Ausstrahlung, wie die Strahlen einer Sonne schillert sie. Bestimmt wird diese Ausstrahlung durch alles, was uns ausmacht, unsere Fähigkeiten, Bedürfnisse und Wünsche. So ist jedes Kind in seiner Ausstrahlung selbst ein kleiner Sonnenschein. Dies lässt sich ganz leicht darstellen.

Alter: ab 4 Jahren
Material: pro Kind 1 weißer Fotokarton, bunte Wachsmalstifte

Die Spielleitung malt nacheinander für jedes Kind mit einem gelben Stift einen großen runden Kreis auf das Papier, das ist die Sonne. Und, da jedes Kind ein kleiner Sonnenschein ist, malt sie in die Mitte mit Punkt, Punkt, Komma, Strich ein Gesicht und schreibt den Namen des jeweiligen Kindes darunter. Nun werden die Sonnenstrahlen um das Gesicht gemalt. Das betreffende Kind sagt, was es gerne tut, denn bei dem, was wir von uns aus gerne machen, entwickeln wir auch unsere besonderen Fähigkeiten. Die Spielleitung schreibt das hinzu. Andere Kinder können sich dazu auch äußern und die Spielleitung hebt ebenfalls Stärken des Kindes hervor. Alles Gesagte trägt sie auf die Sonnenstrahlen ein. Haben alle Kinder ihren Sonnenschein, malen sie die Sonnen aus.

Das eigene Licht leuchten lassen

Alter: ab 4 Jahren
Material: Digitalkamera, Wandspiegel,
evtl. Bilderrahmen

Mit ein wenig Experimentierfreude können wir wunderschöne Fotos von den Kindern als wahre Sternenkinder gestalten. Am besten probieren wir dies mit der eigenen Kamera vorher einmal aus, um Beleuchtung und Blitzlicht der Kamera optimal einzusetzen. Dazu löschen wir das Licht im Raum, stellen uns vor den Wandspiegel, halten die Kamera vor den Bauch mit beiden Händen und fotografieren unser eigenes Spiegelbild. Wir können durch Ausprobieren mit der Blitzeinstellung dann auf dem Foto die Wirkung erzielen,

als hielten wir tatsächlich einen Stern in Händen. Dabei müssen wir darauf achten, dass die Kamera selbst möglichst nicht auf dem Foto zu erkennen ist. Haben wir ein optimales Ergebnis erreicht, probieren wird dies mit Kindern aus. Am besten ist es, wenn nur jeweils ein Kind im Raum ist, sonst wird die Wirkung des Bildes durch andere gestört. Nun probieren es die Kinder selbst. Ist ein Bild nichts geworden, kann es wieder gelöscht werden. Die gelungenen Bilder werden ausgedruckt. Sie können im Wechselrahmen über das Bett des Kindes gehängt oder an Weihnachten als Weihnachtskartenmotiv verschickt werden.

Lebenskraft spüren – Kraft verleiht Flügel

Überaus einfache Übungen und Spiele lassen uns diese Lebenskraft körperlich erleben.

Lebenskraft für kleine Engel

Alter: ab 4 Jahren

Die Kinder drücken ihr Handgelenk etwa zwei Minuten. Dann treten sie einen Meter zur Seite, und tatsächlich hebt sich der Arm ganz leicht von selbst in die Höhe, als würden uns Flügel wachsen. Wir probieren es gleich noch einmal mit dem anderen Arm.

Lebenskraft für größere Engel

Alter: ab 6 Jahren

Größere Kinder stellen sich in einen Türrahmen und drücken beide Arme mit dem Handgelenk gegen die Türpfosten. Treten sie aus der Tür heraus, haben sie gleich zwei Flügel auf einmal.

In die eigene Kraft kommen

Alter: ab 6 Jahren

- Die Kinder stellen sich aufrecht hin und spüren die Kraft ihrer Muskeln.
- Sie posen wie Muskelmänner.
- Sie spannen die Muskeln im rechten Oberarm an und zeigen ihre „Muckies".
- Sie tun dasselbe mit dem linken Oberarm.
- Dann drücken sie beide Hände vor dem Solarplexus gegeneinander und spannen dabei kräftig Unter- und Oberarmmuskeln.

Gemeinsam sind wir stark

Setzen wir uns auf den Boden, winkeln die Beine an und versuchen aufzustehen, gelingt uns dies nicht alleine. Proben wir aber gemeinsam den „Aufstand", ist das kein Problem.

Alter: ab 4 Jahren

Die Kinder setzen sich Rücken an Rücken auf den Boden und winkeln die Beine an. Sie drücken sich gegeneinander und halten gleichzeitig Balance mit dem Ziel, nach oben zu kommen. Nach ein paar Versuchen gelingt das meistens sehr gut.

Kräfte messen

Unsere Kraft spüren wir auch, wenn wir mit anderen unsere Kraft messen. Hier zwei Klassiker:

- **Tauziehen**

Alter: ab 4 Jahren
Material: 1 dickes Seil

Die Kinder teilen sich in zwei Gruppen und ziehen das Seil um die Wette.

Variante
Noch lustiger ist es, wenn ein Erwachsener es mit allen Kindern aufnimmt und am Ende natürlich die Kinder gewinnen.

- **Armdrücken**

Alter: ab 6 Jahren
Material: 1 Tisch, 2 Stühle

Zwei Kinder sitzen sich am Tisch gegenüber. Sie beugen ihren rechten Arm, stellen ihn mit dem Ellenbogen auf den Tisch, umgreifen die rechte Hand ihres Gegners und drücken sie: „Auf los, geht's los!" Wer es schafft, den Arm des Gegners auf die Tischplatte zu drücken, hat momentan mehr Kraft. Linkshänder probieren dieses Spiel mit den jeweils linken Armen aus.

Kraftstein – eine Steinmeditation

Alter: ab 4 Jahren
Material: pro Kind 1 Kieselstein (Handschmeichler), gelbes Tonpapier, Schere, Klebstoff
Vorbereitung: aus dem Tonpapier eine Sonne basteln, in die Kreismitte legen, die Steine darauf verteilen

Jedes Kind wählt einen Stein, nimmt ihn in die Hand und setzt sich in den Kreis. Die Spielleitung beginnt die Steinmeditation so oder ähnlich mit eigenen Worten:

Spürt den Stein in eurer Hand … merkt, wie er durch eure Hand ganz warm wird …
Jetzt drückt die Hand mal kräftig zu … Der Stein bleibt, wie er ist … ihr könnt die Kraft des Steines spüren … aber auch eure eigene Kraft. Gott schläft im Stein, so heißt es … und so schlummert auch eure Kraft in euch … Drückt den Stein noch einmal kräftig, dann spürt ihr, wie viel Kraft auch ihr habt. Wenn ihr euch etwas Bestimmtes vornehmt und dazu Kraft und Durchhaltevermögen braucht, dann nehmt diesen Stein in die Hand, denkt daran, was ihr erreichen wollt, und drückt dabei kräftig euren Kraftstein. So bekommt ihr für euer Vorhaben auch die nötige Energie. Steckt den Stein nun in eure Hosentasche. Sucht euch in eurem Zimmer einen schönen „Kraftplatz" aus, auf den ihr euren Kraftstein legen könnt. Immer, wenn ihr ihn anseht, werdet ihr euch eurer Kraft bewusst.
Wenn ihr wollt, könnt ihr jetzt erzählen, was ihr erlebt habt und was ihr gerne erreichen wollt.

Der eigenen Größe bewusst werden

Wer den Umriss des eigenen Körpers vor sich sieht, kann sich seiner eigenen Größe bewusst werden.

Alter: ab 4 Jahren
Material: Papierrolle oder alte Tapetenrollen, Stift, Schere, Messlatte

Jeweils ein Kind legt sich auf die Papierrolle, ein anderes umzeichnet die Körperumrisse. Die Körperbilder von allen Kindern werden aufgehängt. Mit einer Messlatte wird dann die Körpergröße gemessen. Die Körpermesslatte wird daneben gehängt, denn das Tolle ist: Die Kinder werden immer größer – jeden Tag ein Stück! Darum ab und an die Kinder wieder messen und die Länge markieren.

Raum nehmen

Eine wichtige Übung für Theaterleute ist es, das bewusste Gehen auf der Bühne zu üben. Denn je mehr ihnen bewusst ist, wie sie den Raum ausfüllen, desto mehr „Bühnenpräsenz" erreichen sie. Und das ist für das eigene Selbstbewusstsein auf der Bühne des Lebens ebenfalls sehr wichtig, um in seine Kraft zu kommen.

Alter: ab 4 Jahren
Material: „Engelreigen" (CD-Nr. 19, s. S. 112)

Die Spielleitung markiert im Raum eine „Auftrittsfläche". Sie erklärt den Kindern, dass diese jetzt einzeln einer nach dem anderen, diese Bühne durchschreiten und dabei ihrer Lebenskraft Ausdruck verleihen, in dem sie selbstbewusst und aufrechten Ganges laufen. Sie legt Musik auf und ein Kind nach dem anderen tritt auf, füllt mit Präsenz den Raum und übt sich im bewussten Gehen.

Ich kann etwas

Folgende Übung dient dazu, sich seiner Fähigkeiten bewusst zu werden bzw. sich darüber Gedanken zu machen. Nach dem Zeigen der eigenen Fähigkeiten, entwickelt jedes Kind Stolz über die eigene Leistung.

Alter: ab 4 Jahren
Material: „Du bist so stark!" (CD-Nr. 13, s. S. 70)

Die Spielleitung gestaltet nach eigenem Dafürhalten einen Auftrittsplatz oder eine kleine Bühne. Das kann eine Zirkusmitte sein oder etwas Ähnliches. Jedes Kind überlegt sich, was es gerne zeigen würde. Gemeinsam wird entschieden, wer beginnt. Alle stellen sich hintereinander in die Reihe. Die Spielleitung legt Musik auf und die Kinder flüstern jeweils vor ihrem Auftritt der Spielleitung ins Ohr, was sie machen wollen. Die Spielleitung moderiert die verschiedenen Auftritte entsprechend.

Stark wie ein Baum. Eine Fantasiereise

Der Baum gilt seit jeher als das Symbol für Lebenskraft. Das beginnt bei den Germanen mit der Weltenesche, dem Weltenbaum, Sinnbild der gesamten Schöpfung. Dies allein ist Grund genug, sich auf den Weg zu machen, um diese Lebenskraft zu spüren.

Alter: ab 4 Jahren
Ort: im Wald oder Park

In einem Wäldchen oder Park sucht sich jedes Kind einen Baum und lehnt sich mit dem Rücken an diesen. Die Kinder schließen die Augen und die Spielleitung leitet sie an, sich die Kraft des Baumes vorzustellen.

Der Baum zieht seinen Lebenssaft mit seinen Wurzeln aus dem Inneren der Erde. Stellt euch vor, ihr zieht nun eure Lebenskraft auch direkt aus dem Erdreich durch die Füße. Die Kraft fließt hoch und erfüllt euch ganz. Erst über die Beine … dann über Po und Becken, durch Brust und Rücken hinauf zu euren Armen. Ihr breitet die Arme aus, so werden sie zu Zweigen. Stellt euch jetzt vor, ihr selbst wärt ein Baum. Eure Arme, euer Oberkörper und euer Kopf bilden die Baumkrone … wie herrlich es ist, den Wind in den Zweigen zu spüren. Ab und an kommt ein Vögelchen herbeigeflogen und setzt sich nieder auf eines eurer Äste. Es singt euch viele wundersame Lieder vor, die alle von der Schöpfung Gottes berichten. Wie schön, für einen Augenblick einem so kleinen Wesen Herberge zu bieten. Das Vögelchen berichtet euch, was alles in der Welt passiert, was alles möglich ist … Ihr genießt es und wiegt euch mit der Baumkrone sanft im Wind. Ja, es ist schön, so fest verwurzelt mitten im Leben zu stehen und seine Kraft zu spüren. Genießt diese Kraft noch einen Moment … kommt dann hierher zurück und berichtet, was ihr gefühlt habt.

Engel der Leichtigkeit

„Mensch, lerne tanzen, sonst wissen die Engel im Himmel nichts mit dir anzufangen."

Augustinus

Die Engel der Leichtigkeit sind von unendlicher bedingungsloser Liebe zur gesamten Schöpfung. Ihre Freude über jedes Wesen bringen sie in Liedern und Tänzen zum Ausdruck, die die Anmut und Schönheit allen Lebens preisen. Sie laden uns ein, mit ihnen das Leben zu feiern. Alle Mühsal des Lebens, alle Last des Alltags, alle Sorgen und Ängste dürfen wir in ihre Hände geben, um leicht zu werden und frei von allen Verstrickungen. Das Leben als Fest zu sehen, als immerwährenden Tanz, ist ihre Botschaft. Das ganze Universum tanzt diesen Tanz mit uns, so wie sich die Planeten um unsere Sonne drehen. Die Engel der Leichtigkeit wollen, dass es allen Geschöpfen gut geht und dass sie glücklich sind. Sie wollen auch, dass es uns gut geht und dass wir glücklich sind. Sie lassen uns die Leichtigkeit des Seins spüren, erfüllen uns mit purer Freude. Engel der Leichtigkeit haben auch eine gehörige Portion Humor, denn wir sollten nicht immer alles so ernst nehmen im Leben. Mit dieser Leichtigkeit können wir spontan und frei auf andere zugehen. Strahlen wir diese Leichtigkeit aus, können wir begeistern und mitreißen. Engel der Leichtigkeit sind leichter als Luft, deswegen dürfen wir auch mit ihnen schweben.

Nimm es leicht!

Nr. 15
Text: Ruisinger & Steffe
Musik: Sybille Ruisinger

Strophe

Die Welt ist vol - ler Far - ben, die Welt ist vol - ler Licht. Die

Son - ne steht am Him - mel, scheint je - den Tag für dich. Und

wenn du sie nicht siehst, dann ist sie nur ver - deckt und

hin - ter ein paar Wol - ken für kur - ze Zeit ver - steckt.

Refrain

Take it ea - sy – nimm es leicht! Stell dir vor, du könn - test

flie - gen, wie ein bun - ter Luft - bal - lon dich in lau - en Lüf - ten

wie - gen, schwe - re - los und oh - ne Sor - gen, liv - ing

ea - sy jetzt und hier. Al - les an - de - re kommt mor -

gen, mach es ein - fach so wie wir!

1. Die Welt ist voller Farben,
die Welt ist voller Licht.
Die Sonne steht am Himmel,
scheint jeden Tag für dich.
Und wenn du sie nicht siehst,
dann ist sie nur verdeckt
und hinter ein paar Wolken
für kurze Zeit versteckt.

Refrain
Take it easy – nimm es leicht!
Stell dir vor, du könntest fliegen,
wie ein bunter Luftballon
dich in lauen Lüften wiegen,
schwerelos und ohne Sorgen,
living easy jetzt und hier.
Alles andere kommt morgen,
mach es einfach so wie wir!

2. Und bist du auch einmal traurig,
alles scheint so schwer,
dann schnapp dir deine Sorgen
und schick sie einfach her.
Wir werden uns drum kümmern,
das geht hoppla hopp
und ist für „Engel der Leichtigkeit"
ein locker-leichter Job.

Take it easy – nimm es leicht! …

3. Die Welt ist voller Wunder,
so groß und offenbar,
für Mensch und Tier und Pflanzen
ein Platz so wunderbar.
Wo immer Schmerzen lauern,
wo immer Herzen trauern,
da kommen wir geschwind,
zu Mann und Frau und Kind!

Take it easy – nimm es leicht! …

Take it easy

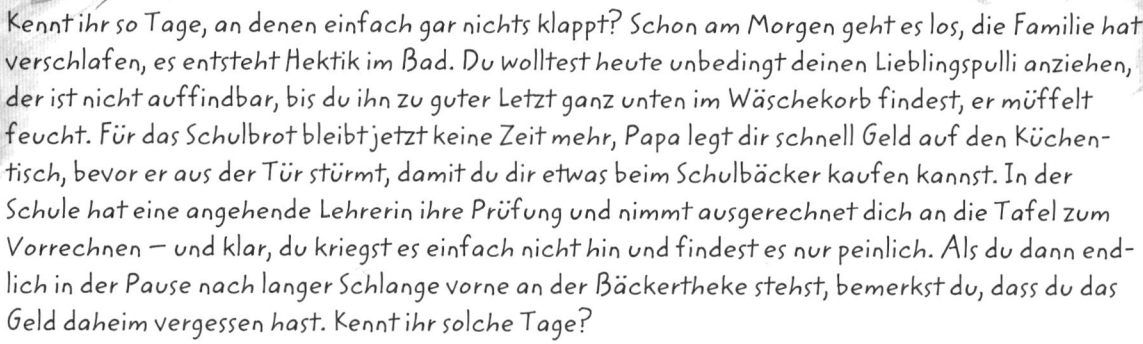

Kennt ihr so Tage, an denen einfach gar nichts klappt? Schon am Morgen geht es los, die Familie hat verschlafen, es entsteht Hektik im Bad. Du wolltest heute unbedingt deinen Lieblingspulli anziehen, der ist nicht auffindbar, bis du ihn zu guter Letzt ganz unten im Wäschekorb findest, er müffelt feucht. Für das Schulbrot bleibt jetzt keine Zeit mehr, Papa legt dir schnell Geld auf den Küchentisch, bevor er aus der Tür stürmt, damit du dir etwas beim Schulbäcker kaufen kannst. In der Schule hat eine angehende Lehrerin ihre Prüfung und nimmt ausgerechnet dich an die Tafel zum Vorrechnen — und klar, du kriegst es einfach nicht hin und findest es nur peinlich. Als du dann endlich in der Pause nach langer Schlange vorne an der Bäckertheke stehst, bemerkst du, dass du das Geld daheim vergessen hast. Kennt ihr solche Tage?

Doch jetzt passiert etwas völlig Unerwartetes: Bob, der Rotschopf mit Sommersprossen, der aus den USA für ein halbes Jahr in eurer Klasse ist, kramt in seinen Hosentaschen, streckt dir durch die Schülermenge ein 2-€-Stück nach vorne, meint „Take it easy!" und grinst breit über beide Backen. Oh, Gott sei Dank, endlich hat der Wahnsinn ein Ende, du beißt herzhaft in dein Käsebrötchen und wühlst dich zu Bob durch. „Du warst echt meine Rettung!", sagst du zu ihm und erzählst ihm, wie dein Tag heute Morgen begann. Bob lacht und meint, ja solche Tage kenne er auch, aber wirklich „You have to take it easy, man!" Er streckt dir seine Hand hin zum Abschlagen und beide lacht ihr, der Stress fällt auf einmal von dir ab. Du genießt dein Käsebrötchen — endlich was im Bauch — und der Rest des Tages verläuft in ruhigerem Fahrwasser und ist am Ende doch noch ganz schön.

Also, nicht den guten Spruch für Ausnahmesituationen vergessen: Nimm's leicht, wenn's mal zu viel wird!

Leichter als Luft. Eine Fantasiereise

„Über den Wolken muss die Freiheit wohl gren-
zenlos sein. Alle Ängste, alle Sorgen, sagt man,
blieben darunter verborgen und dann würde, was
uns groß und wichtig erscheint, plötzlich nichtig
und klein."

Reinhard Mey

Alter: ab 4 Jahren
Material: pro Kind 1 Matte, evtl. Decken und
Kissen

Die Kinder liegen auf Matten. Die Spielleitung
bringt die Kinder mit einleitenden Worten zu
Ruhe und Entspannung.

Macht es euch auf den Matten gemütlich. Atmet
tief ein und aus. Spürt euren Atem kommen und
gehen. Heute unternehmen wir in der Fantasie
eine Fahrt mit dem Heißluftballon:
Habt ihr schon einmal an einem schönen, wol-
kenlosen Sommerabend einen Heißluftballon am
Himmel dahingleiten sehen? Wie ein Herz mit
Ausrufezeichen schweben Ballon und Korb weit
oben über der Erde. Wer Glück hat, kann auch
einer gemeinsamen Fahrt vieler Ballons zu-
schauen, denn gerne starten sie in Gemeinschaft.
Dann ist der ganze Himmel voller Herzen. Wie es
wohl da oben ist? Lasst uns gemeinsam in Ge-
danken so eine Ballonfahrt unternehmen.
Noch ist der Korb mit Seilen auf dem Acker fest-
gezurrt. Die Luft im Ballon wird erwärmt. Durch
die Erwärmung wird diese innen leichter als die
Luft außen und der Ballon entfaltet sich in seiner
vollen Größe … Nun schwebt der Ballon direkt
über dem Korb, er ist wunderschön in den Far-
ben des Regenbogens bemalt. Wir steigen in den
Korb, jetzt noch die Schnüre kappen und dann
beginnt der Ballon zu steigen. Was für ein tolles
Gefühl, sich einmal von der Erde zu lösen, ein-
fach in die Luft zu schweben. Wir steigen in den
Himmel hinein und die Abendsonne vergoldet
unsere Luftfahrt. Unter uns der Acker, hier eine
Wiese, dort ein Maisfeld. Auf dem Feldweg ra-
deln Kinder, sie freuen sich über den Ballon und
winken uns von unten zu. Wir winken zurück und
die Fahrt geht weiter.
Damit der Ballon an Höhe gewinnen kann, muss
man ab und an mal Ballast abwerfen. Stellt euch
vor, am Korb hängen kleine Sandsäckchen als
Ballast. Nimmt der Fahrgast so ein Säckchen,
löst es und lässt es nach unten fallen, wird der
Ballon leichter und steigt höher.
Genauso ist es bei uns im Leben. Auch wir müs-
sen von Zeit zu Zeit Ballast abgeben, dann fällt
uns das Leben wieder leichter. In Gedanken lasst
ihr jetzt auch Ballast los und genießt es, wie euch
leicht ums Herz wird. Einfach loszulassen ist ein
wunderbares Gefühl, als bekäme unser Herz
selbst zwei Engelflügel, um zu schweben.
Inzwischen hat unser Heißluftballon an Höhe ge-
wonnen. Es ist schön, die Welt von ganz oben zu
sehen. Alles wirkt kleiner auf der Erde mit zuneh-
mendem Abstand. Das verschafft uns einen
neuen Blick auf die Dinge. Wir gleiten dahin über
Felder, Wiesen und Wälder – wie ist unsere Welt
so schön! Wir genießen die Stille hier oben an
diesem herrlichen Sommerabend. Wir fühlen uns
frei, unbeschwert und nun selbst leichter als Luft.
Jetzt wird es allmählich Zeit, auf die Erde zu-
rückzukehren. Der Ballonpilot zieht an einer
Leine, so kann warme Luft aus dem Ballon ent-
weichen. Da die Luft im Ballon nun auch nicht
mehr erwärmt wird, kühlt sie langsam ab und der
Ballon beginnt zu sinken. Der Pilot sieht eine
Wiese, auf die sich unser Ballon zubewegt. Er
entschließt sich, am Anfang der Wiese zu landen,
so kann der Ballon schön langsam auf die Wiese
sinken. Und mit einem Ruck sind wir wieder auf
der Erde sicher gelandet.

Beflügelte Ballonfahrertaufe

Früher durfte sich nur der Adel in die Lüfte erheben, das ist heute längst nicht mehr so. Doch hat sich daraus ein Brauch entwickelt, dass jeder, der das erste Mal mit einem Ballon gefahren ist, mit einem lustigen Adelstitel „getauft" wird.

Alter: ab 4 Jahren

Die Spielleitung erzählt den Kinder von der Adelstaufe, wie sie anlässlich von Ballonfahrten stattfindet. Die Kinder überlegen sich gemeinsam, wie sie zu ihrem Namen einen „luftigen" Adelstitel dazuerfinden können, z.B.:
- Luftiger Leo
- Leichte Luise
- Beflügelte Mia
- Himmlische Hannah
- Schwebender Adrian
- Fliegender Florian

Variante
Die Kinder können sich auch entscheiden, in welcher Engelgruppe sie am liebsten wirken möchten, ob bei den Schutzengeln, Kopfengeln, Herzengeln, Heilungsengeln, Engeln der Kreativität, Kraftengeln, Engeln der Leichtigkeit oder den Mutengeln. Dann verbinden sie ihre Tugend mit einem Namen und schon ist der ganze Engelsadel im Kreis versammelt. Die Namen dürfen ruhig lustig sein, haben die Engel und besonders die Engel der Leichtigkeit doch eine gehörige Portion Humor, z. B.: Herzchen von Liebhausen, Alois Abteilung Forscher, Hartmut von Mutlingen oder so ähnlich …

Sorgenpäckchen abgeben

Manchmal sind wir von der Last des Alltags derart bedrückt, dass wir glauben, wir können es alleine nicht schaffen. Wir wissen nicht, wie wir alles bewältigen und wo wir überhaupt anfangen sollen. Das ist genau der richtige Zeitpunkt, ein Sorgenpäckchen zu packen. In dieses Päckchen packen wir alles hinein, was uns bedrückt und wofür wir keine passende Lösung finden. Dieses Paket schnüren wir gut zu und übergeben es den Engeln der Leichtigkeit. Sie können diese Probleme lösen, stehen ihnen doch alle Möglichkeiten und das ganze Universum zur Verfügung. In diesem Loslassen und Abgeben machen wir uns frei, wie sich auch der Heißluftballon von Last befreit. Die Engel tragen unser Sorgenpäckchen zum Himmel. Dort herrscht so viel Sachkompetenz, dass sicherlich eine Lösung gefunden wird.

Alter: ab 4 Jahren
Material: pro Kind 1 Streichholzschachtel, Geschenkpapier, Klebeband, Geschenkband, Scheren, 1 großer Zweig

Die Spielleitung erzählt den Kindern von der Möglichkeit, Sorgen in Päckchen zu packen und dem Engel der Leichtigkeit zu übergeben. Jedes Kind erhält eine Streichholzschachtel. Die Kinder überlegen, ob und was sie gerade bedrückt und flüstern es in ihr Schächtelchen. Dann wickeln sie ihr Päckchen in Geschenkpapier, kleben es mit Klebeband zu und verschnüren es mit Geschenkband. Die Spielleitung hängt den Zweig an die Zimmerdecke und bindet die fertigen Sorgenpäckchen daran. So sehen die Kinder, dass sie ihr „Sorgenpäckchen" nach oben abgeben konnten.

Mit Engeln feiern und frohlocken

Großes Engelfest

Das Leben feiern können wir in jedem Augenblick. Wenn wir gemeinsam um den Tisch sitzen bei einem guten Essen, wenn wir Amseln beim Nestbau zusehen oder wenn wir mit Gummistiefeln im Herbst durch die Pfützen springen. Das Leben feiern wir, indem wir einfach den Augenblick genießen.

Alter: ab 4 Jahren

Am besten feiern lässt sich natürlich bei einem Fest, denn ein Fest hebt sich wunderbar vom Alltag ab. Also gestalten wir an dieser Stelle ein Engelfest. Das freut alle Engel, besonders die Engel der Leichtigkeit. Und wir wissen ja, bei einem Fest sind Engel immer zugegen. Braucht es für die Jahresplanung einen Termin fürs Fest, gilt: Der ganze September ist Schutzengelmonat. Selbstverständlich können hier alle Spiele, Tänze und Aktionen aus dem Buch mit einfließen, die Engel der Leichtigkeit haben neben einer schönen Raumgestaltung, festlicher Kleidung, Himmelsspeisen und -trank folgende Lieblingsspiele:

Den Himmel auf Erden holen

Material: weißer und gelber Fotokarton (je nach Fundus), Goldfolie, Füllvlies (Meterware), weiße Leintücher, Sterne und Planeten aller Art

Unseren Festsaal hüllen wir ganz in Weiß – sodass wir uns wie auf Wolke sieben fühlen. An die Zimmerdecke drapieren wir Wolken aus Füllvlies oder weißem Fotokarton, wir dekorieren mit Sternen aller Art, schneiden sie aus gelbem Fotokarton oder Goldfolie aus.

Himmlische Speisen und Getränke

- **Manna-Himmelsspeise**

Natürlich brauchen Engel nichts zu essen, sind sie doch durchströmt von göttlicher Lebenskraft. Wir Menschenkinder aber möchten gerne bei einem Fest etwas essen. Am besten richtet sich da jeder nach seinem Geschmack, hier ein Vorschlag zur Inspiration.

Material: weiße Meringe-Wölkchen (gebackener Eischaumschnee), Vanilleeis, Getränke nach Wahl (z.B. Traubensaft, Mineralwasser, Milch mit Honig)

Die Meringe-Wölkchen auf Teller verteilen und ein Häubchen Vanilleeis daraufgeben.
Als Getränke wahlweise Traubensaft „vom Herrgottsacker", reinstes Quellwasser „Kristall" oder Milch mit Honig reichen.

Himmlische Festkleider

- **Engelkleider**

Material: pro Kind 1 weißes (Nacht-) Hemd, goldene Kronen und Diademe, goldene Gürtelschnallen, Engelflügel (s. unten), verschiedene Accessoires, z.B. Lupe, Luftballons, Erste-Hilfe-Koffer, Pinsel, Palette, Musikinstrumente, Sonne aus Tonpapier (s. S. 78), Schild und Schwert etc.

Besondere Attribute für unterschiedliche Engelsgruppen:
- Schutzengel (schlicht Weiß)
- Kopfengel (Lupe)
- Herzengel (Herzen zum Anstecken)
- Heilungsengel (Erste-Hilfe-Koffer o. Ä.)
- Engel der Kreativität (Pinsel, Palette, Musikinstrument o. Ä.)
- Kraftengel (Sonne aus Tonpapier)
- Engel der Leichtigkeit (Luftballons)
- Mutengel (Schild und Schwert)

Einfache Engelflügel

- **Engelflügel**

Material: 1 große Goldfolie pro Kind, Nadel und Faden

- Die Goldfolie ausbreiten und in der Mitte zusammenraffen
- Die entstandenen Flügel zurechtzupfen
- Um die Mitte der Flügel mit groben Stichen am Rückenteil des Engelkleides festnähen.

Engelgewand mit Flügeln

Material: Bettlaken o. Ä., Schere, 2 Bambusstöcke pro Kind (ca. 80 cm lang), Nähmaschine

- Das Bettlaken der Länge nach einmal falten.
- Oben an der Umbruchkante einen Halsaus-
  schnitt ausschneiden und umsäumen.
- Rechts und links des Halsausschnittes einen
  ca. 2 cm breiten Tunnel abnähen
- In den Tunnel die Bambusstöcke einnähen.
- Den Stoff unterhalb der Bambusstangen zu
  Engelsflügeln rundschneiden und umsäumen.
- Mit zwei Nähten von den Achseln bis zum
  Saum zu einem Engelskleid abnähen.

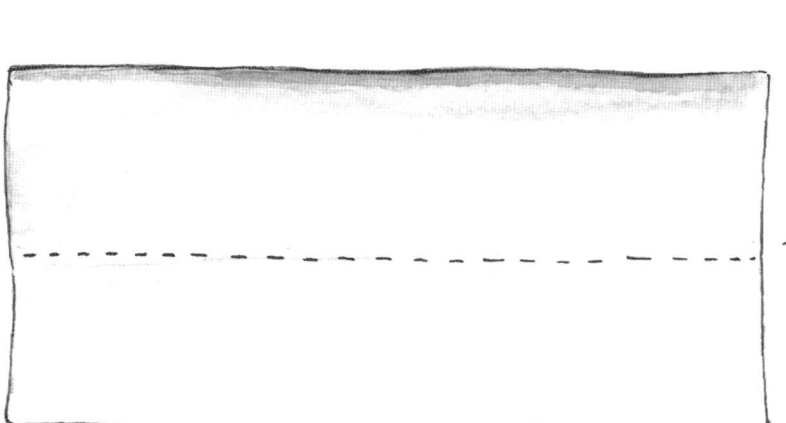

Bettlaken falten

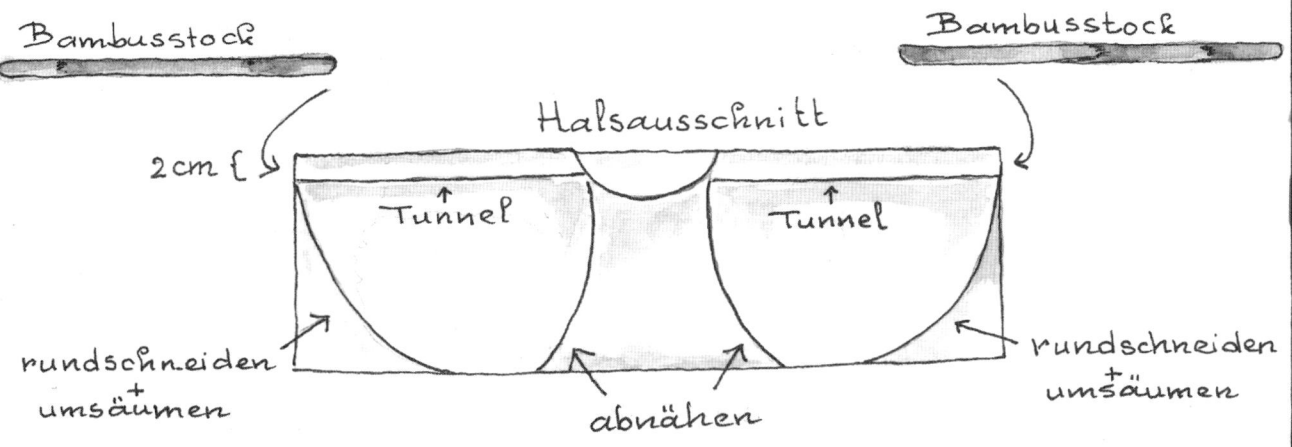

Bambusstock   Bambusstock

Halsausschnitt

2 cm {

Tunnel   Tunnel

rundschneiden
+
umsäumen

abnähen

rundschneiden
+
umsäumen

Himmlischer Reigen und Partytanz

Zu Anfang des Festes stellen sich alle „Jungengel" paarweise in Gewandung auf. Sie halten sich an den Händen und schreiten zur Musik von „Engelreigen" (CD-Nr. 19, s. S. 112) durch den Raum. Am Ende des Raumes teilen sie sich, indem sich die Paare rechts und links abgehend im Halbkreis am Ende des Raumes wiedertreffen. Sodann bilden die sich wiedergefundenen Paare einen Torbogen, indem sie, sich an Händen haltend, die Arme zum Bogen hochstrecken. Die anderen Paare durchschreiten den Bogen und bilden wieder einen Torbogen. Sind alle Paare durch, schreiten sie wieder durch den Raum bis zum Ende der Musik.

Leichtfüßiger Partytanz

Material: „Nimm es leicht!" (CD-Nr. 15, s. S. 82), 10 Bögen weißer Fotokarton (50 x 70 cm), Scheren
Vorbereitung: Aus dem Fotokarton Wolken schneiden

Die Spielleitung legt die Wolken auf den Tanzboden. Die Engelkinder verteilen sich kreuz und quer im Raum. Beginnt die Musik, tanzen sie beschwingt durcheinander. Stoppt die Musik, fliegen sie schnell auf eine Wolke zurück. Nach jeder Tanzrunde entfernt die Spielleitung eine Wolke, bis sich die Jungengel am Schluss auf einer Wolke versammelt haben. Das Spiel kennt keine Verlierer.

Engel erraten

Alter: ab 6 Jahren
Material: weißes DIN A4-Papier, Schere, Stift, Tesafilm
Vorbereitung: Aus dem Papier Wolken schneiden

Immer ein Engel geht vor die Tür, die anderen Engel berufen eine Konferenz ein und überlegen sich, welche Art Engel er ist und welches Problem er auf der Erde zu lösen hat. Die Spielleitung schreibt die Engel-Abteilung auf die Wolke sowie seine Aufgabe. Der Engel kommt in den Raum zurück und die Wolke wird ihm auf den Rücken geklebt. Er soll durch Fragen herausbekommen, welcher Engel er ist und welche Aufgabe ihn auf der Erde erwartet.

Himmelsschlüssel verloren

Oh nein! Petrus hat seinen Schlüssel zur Himmelspforte verloren, er ist heruntergefallen von Wolke sieben, geradewegs auf die Erde zu. Die Engel geben Petrus den Rat, die Menschenkinder den Schlüssel suchen zu lassen.

Alter: ab 4 Jahren
Material: 1 großer, alter Schlüssel, Goldfarbe, Pinsel
Vorbereitung: Den Schlüssel mit der Goldfarbe bemalen und trocknen lassen

Die Spielleitung versteckt unbeobachtet den Schlüssel im Raum, dann eröffnet sie das Spiel. Sie erzählt den Kindern, dass Petrus seinen Schlüssel zur Himmelspforte verloren hat, und bittet alle, den Himmelsschlüssel zu suchen. Wer ihn zuerst gefunden hat, darf ihn wieder verstecken.

Wolkenhüpfen

Alter: ab 4 Jahren
Material: Bettdecken, Matratzen, Kissen, weiße Bettwäsche, „Du bist so stark!" (CD-Nr. 13, s. S. 70)
Vorbereitung: Wie im Himmel die „Wolken" (Kissen) kreuz und quer im Raum verteilen

Die Jungengel setzen sich auf die „Wolken". Ein Jungengel übernimmt die Spielleitung. Er startet die Musik, dann fliegen die Jungengel durch den Himmel. Stoppt die Musik, landen sie auf einer Wolke und bewegen sich kein Stück mehr. Die Spielleitung entscheidet, wer die schönste „Engelsfigur" abgibt und wählt diese zur neuen Spielleitung. Und weiter geht's.

Himmelsleiter rauf und runter

Alter: ab 4 Jahren
Material: Sprossenwand oder Tische und Stühle, Schellentamburin

Die Spielleitung erzählt, wie es zugeht zwischen Himmel und Erde (s. S. 7). Alle Jungengel postieren sich am Anfang des Spieles auf der „Himmelsleiter", das kann ein Tisch sein, Stühle oder eine Sprossenwand, je nach örtlichen Verhältnissen. Sobald es einen Auftrag auf der „Erde" gibt, eilen sie „hinunter" (klettern vom Tisch, vom Stuhl oder der Sprossenwand), geht ein Wunsch nach oben, so klettern sie alle die „Himmelsleiter" wieder hinauf. Die Spielleitung schlägt während der Bewegungsgeschichte das Tamburin, damit die Jungengel tüchtig in Schwung kommen. Die Geschichte kann so oder ähnlich lauten:

Nichts los auf Erden heute?

Oh, doch. Katrin fährt das erste Mal mit dem Fahrrad ihrer großen Schwester. Auftrag an alle Schutzengel: Bitte kommen! Baum im Weg … Katrin schafft es und fährt gut am Baum vorbei.

Der kleine Bruder sieht Katrin fahren und denkt: Zum fünften Geburtstag wünsche ich mir auch endlich ein Fahrrad, und zwar eins „mit ohne" Stützräder. Die Engel stürmen die Leiter wieder hoch, um den Wunsch nach oben zu bringen. Gerade sitzen die Kinder bei der Mathearbeit und verstehen allesamt die Aufgabe nicht. Oh je, die Engel der Forscherabteilung bitte sofort auf die Erde, sonst klappt das nicht! Unten angekommen, retten die Forscherengel die Mathearbeit. Ein junges Mädchen sitzt verträumt am Küchentisch, denkt an ihren jungen Freund und dass er sich doch mal melden soll, das wäre jetzt ihr Wunsch. Nichts wie die Himmelsleiter hoch, der Wunsch muss nach oben geleitet werden und dann sofort wieder runter. Jetzt müssen alle Herzengel dem jungen Freund Bescheid sagen. Am Fußballfeld schaut Felix der A-Jugend beim Training zu. Wenn ich groß bin, dann werde ich Fußballstar, denkt er. Alle Engel bringen sofort den Wunsch nach oben. Kaum sind sie auf der Himmelsleiter angelangt, sagt Petrus: „Dann braucht der aber tüchtig Kraft, schickt ihm erst mal Kraft runter, sonst wird das nichts." Also, alle Engel wieder nach unten klettern …

Mutengel

Mutengel sind immer zugegen, wenn wir uns neuen Herausforderungen stellen. Vom ersten Atemzug an, wenn wir auf die Welt kommen, hauchen sie uns eine tüchtige Portion Lebenswillen ein. Ob als Baby das erste Mal auf einem fremden Arm, als Kleinkind das erste Mal im Kindergarten, später das erste Mal woanders übernachten, das erste Mal in der Schule, das erste Mal ohne Schwimmflügel im Wasser … immer drücken die Mutengel uns die Daumen dabei und machen uns Mut.

Auch wenn wir lernen, unsere eigene Meinung zu sagen, stehen sie uns treu zur Seite. Gibt es Ärger auf dem Schulhof und wir treten dem Schwächeren bei, na, dann sind aber gleich einige von den Mutengeln zur Stelle. Sie sind nämlich richtige Ritter. Darum wird ihr Chef, Erzengel Michael, auf Bildern gerne im roten Mantel mit Schwert dargestellt, nimmt er es doch sogar mit Drachen auf. Es gibt ein passendes Sprichwort, um zu beschreiben, wann die tugendhaften Mutengel auf den Plan gerufen werden, das heißt: „Der schrecklichste Drache hütet den größten Schatz" (s. S. 97). Ich glaube, der größte Schatz der Mutengel ist, uns behilflich zu sein, unsere eigene Angst zu überwinden. Damit meine ich keinen Übermut – z. B. leichtsinnige Mutproben oder so. Mutengel helfen, Verantwortung für Gerechtigkeit zu übernehmen, damit wir eine gesunde Urteilskraft entwickeln, um zu entscheiden, was richtig und was falsch ist. So gewinnen wir im Leben nach und nach eigene Lebensziele, für die es sich lohnt einzustehen. Auch hier helfen die Mutengel tüchtig mit. Ebenso geben sie uns Mut zur Ehrlichkeit, damit wir uns und unseren Zielen treu bleiben. Das führt zu innerer Freiheit und Willenskraft. Willenskraft meint aber nicht, dass wir unseren Dickschädel durchsetzen. Wir können darauf vertrauen, unseren eigenen Lebensweg zu gehen, wenn unser Wille zum Wohle aller dient.

Der christliche Glaube sagt, wir sollen dem Willen Gottes entsprechen. Um diese Urteilskraft herauszubilden, stehen die Mutengel gerne Pate, sie arbeiten hier eng mit Kopf- und Herzengeln zusammen. Wenn wir uns dann tatsächlich trauen, den Mund aufzumachen, weil wir von der Wahrheit überzeugt sind, dann helfen uns die Mutengel über das aufkommende „Lampenfieber" hinweg!

Jedoch helfen Mutengel uns nicht nur, etwas zu tun, sondern auch Dinge zu lassen. Zum Loslassen gehört nämlich auch eine Portion Mut. Loslassen von alten Gewohnheiten etwa, die nicht gut für unser Leben sind; Mut brauchen wir, um ja zu sagen zu anderen, das setzt Vertrauen in sie voraus; Mut brauchen wir auch zum Neinsagen, das zeigt, dass wir Vertrauen in uns selbst haben. Also: Entdecken wir den roten Ritter in uns, damit wir zum Vorbild für kleine Ritter werden!

Ich wünsche mir, dass ich mutig bin

Nr. 17
Text: Susanne Steffe
Musik: Günter Geisinger

Refrain

Him-mel, schick mir ein En-ge-lein! Ich möcht' so ger-ne tap-fer sein und

glaub' jetzt ein-fach fest da-ran, dass der Mut-en-gel mir hel-fen kann. Ich

weiß nicht, wie er das so schafft, doch spür' ich auf ein-mal ganz viel Kraft!

Die-ser En-gel schenkt mir 'ne Tü-te Mut, En-gel sei Dank — das

tut ja so gut!

Strophe

Ich wün-sche mir, dass ich

mu-tig bin und ü-ber mei-nen Schat-ten spring'. Dann könn-te ich es

wa-gen, die Wahr-heit stets zu sa-gen: Ach,

wä-re doch mal end-lich Schluss mit Tan-te Ol-gas nas-sem Kuss! Doch

wenn sie es heu-te wie-der tut, fehlt mir zum Nein-sa-gen der Mut.

Refrain
Himmel, schick mir ein Engelein!
Ich möcht' so gerne tapfer sein
und glaub' jetzt einfach fest daran,
dass der Mutengel mir helfen kann.
Ich weiß nicht, wie er das so schafft,
doch spür' ich auf einmal ganz viel Kraft!
Dieser Engel schenkt mir 'ne Tüte Mut,
Engel sei Dank – das tut ja so gut!

1. Ich wünsche mir, dass ich mutig bin
und über meinen Schatten spring'.
Dann könnte ich es wagen,
die Wahrheit stets zu sagen:
Ach, wäre doch mal endlich Schluss
mit Tante Olgas nassem Kuss!
Doch wenn sie es heute wieder tut,
fehlt mir zum Neinsagen der Mut.

Himmel, schick mir ein Engelein! …

2. Ich würd' mich ehrlich gerne trau'n,
bei keinem Unrecht wegzuschau'n.
Wie'n Ritter wär ich allzeit bereit
zum Einsatz für die Gerechtigkeit.
Aber gleich gibt's 'ne fiese Prügelei,
da sind alle Großen munter dabei.
Den Kleinen zu helfen, wäre echt gut,
dazu fehlt mir aber der nötige Mut.

Himmel, schick mir ein Engelein! …

Die Einladung

Zübeyde ist neu in der Klasse. Ihre Eltern sind aus der Türkei, aber sie ist in einer anderen Stadt in Deutschland groß geworden. Ihr Deutsch ist nicht so gut, wird zu Hause doch türkisch gesprochen. Sie sitzt neben Marlene in der Klasse. Obwohl sie nicht so gut deutsch kann, mag Marlene sie als angenehme Banknachbarin. Zübeyde ist stiller als die anderen in der Klasse, aber sie hat ein freundliches Wesen. Wenn die Schule aus ist, wird sie von ihrer Mutter abgeholt, und wenn sie dann mit ihrer Mutter türkisch spricht, ist sie Marlene ganz fremd.

Schon lange malt sich Marlene aus, dass Zübeyde mal zu ihr zum Spielen kommen könnte, aber sie traut sich nicht recht zu fragen. Sie hat Angst, Zübeyde könnte das nicht wollen, lebt sie doch zu Hause ganz anders. So vergehen wieder einige Tage, bis Marlene es an einem Nachmittag einfach total langweilig findet zu Hause, sie weiß gar nichts mit sich anzufangen. Mutter hat ihr schon einiges vorgeschlagen, aber Marlene hat zu nichts Lust. Da endlich rückt sie mit der Sprache heraus und erzählt, dass sie so gerne Zübeyde einladen würde, sich aber nicht traut, sie zu fragen. „Was könnte denn schlimmstenfalls passieren?", fragt Mutter. „Na, dass sie nein sagt", meint Marlene. „Stimmt", sagt Mutter, „und was glaubst du, warum sie nein sagen könnte?" „Weil es ihr bei mir zu Hause vielleicht zu fremd ist." „Dann hättest du doch Verständnis für sie, oder?" „Ja", antwortet Marlene. „Und was passiert, wenn du sie nicht fragst?" Marlene lacht: „Dann ist mir total langweilig." „Aha. Und was ist jetzt schlimmer, Verständnis für Zübeyde zu haben, wenn sie nein sagt, oder sich total zu langweilen?" Die Antwort darauf ist Marlene direkt klar. Die Mutter fährt fort: „Ich finde deine Idee gut, Marlene. Zübeyde könnte doch mal direkt von der Schule mitkommen. Ihr könntet zusammen Mittagessen, Schularbeiten machen und dann noch spielen, und ihre Mutter könnte sie dann bei uns abholen." Jetzt hat Marlene eine Idee. „Ich mache ihr eine Einladungskarte. Wie schreibt man Einladung? Den Rest kann ich malen, dann sieht sie gleich, was wir alles machen können", und so setzt sich Marlene hin, malt den Tisch mit Essen drauf, malt ein Schulheft mit Linien, malt die Schaukel im Garten und zum Schluss noch mit dicken Buchstaben EINLADUNG. Dazu schreibt sie die Telefonnummer 71398 und ihren Namen.

Am nächsten Tag fasst sie sich ein Herz und überreicht Zübeyde die Einladung. Direkt sprudelt es aus ihr heraus, was sie alles zusammen machen könnten. Zübeyde freut sich sehr über die Einladung. Das kann Marlene sehen. Dann sagt Zübeyde: „Ich muss erst zu Hause fragen." Das versteht Marlene.

Am Abend klingelt das Telefon, Marlenes Mutter hebt den Hörer ab. Es ist der Vater von Zübeyde, er spricht besser Deutsch als Zübeydes Mutter. Er bedankt sich für die Einladung und sagt, dass Zübeyde schon am nächsten Tag Marlene besuchen könnte. Dann bespricht er mit Marlenes Mutter, wie sie es am nächsten Tag machen wollen. Zübeyde darf nach der Schule mit zu Marlene laufen, sie hat es nicht weit nach Hause, und nach der Arbeit kommt ihr Papa mit dem Auto und holt Zübeyde ab.

„Gut gemacht, Marlene", freut sich Mutter. „Hast Mut bewiesen, stimmt's?" Marlene ist begeistert und erleichtert: „War gar nicht so schwer, oder?"

Mutengelspiele

Mit Mutengeln lassen sich prima Mutspiele spielen. Einzige Bedingung für sie ist, dass es keine gefährlichen Spiele sein dürfen. Denn Mutengel arbeiten eng zusammen mit Schutzengeln und Kopfengeln. Mutengel sind schlau, sie wissen längst, dass der Mut in den kleinen Dingen steckt: Mut haben, etwas zu sagen, sich zu zeigen, sich anderen anzuvertrauen.

Mut, den Mund aufzumachen

- **Die Seelenkammer**

Alter: ab 6 Jahren
Material: himmelblauer Fotokarton, Stift, Faden, Lochzange, Zweig
Vorbereitung: Aus dem Fotokarton viele kleine Wolken in Wolkenform ausschneiden

Die Kinder sitzen im Kreis. Die himmelblauen Wolken liegen mit Stift in der Kreismitte. Die Spielleitung erzählt folgende einleitende Geschichte mit eigenen Worten.

Der schrecklichste Drache hütet den größten Schatz

Stellt euch vor, ihr seid ausgesandt, eine große Herausforderung zu bewältigen. Die Reise führt euch nicht in ferne Länder und doch an einen geheimen Ort. Dieser Ort befindet sich in euch, eurer geheimen Seelenkammer. Mutig betretet ihr diese Kammer, da seht ihr eure eigene größte Herausforderung. Diese kann ganz unterschiedlich sein: der eine will Fahrradfahren lernen, ein anderer traut sich nicht, mit der Flöte vorzuspielen, vielleicht ist es ein Schwimmabzeichen, das ihr gerne machen wollt. Es sind Taten, die ihr euch einfach noch nicht getraut habt. In dieser Kammer befinden sich auch schon gemeisterte Herausforderungen, Taten, die ihr euch schon getraut habt. Das Tolle ist, dass jeder in uns so eine geheime Seelenkammer hat und dass es darin meist ganz ähnlich aussieht. Die erste Herausforderung besteht nun darin, sich zu sagen, was ihr euch schon getraut habt und was ihr euch noch nicht getraut habt. Also, Mutige voran, wer will etwas erzählen – ihr werdet staunen, dass es den anderen ganz ähnlich geht.

Im Anschluss an die Geschichte erzählen die Kinder, was sie sich schon getraut haben und was sie sich gerne trauen würden. Die Spielleitung schreibt diese Herausforderungen in die Wolken. Aktionen, die leichtsinnig sind, schreibt sie nicht auf. Am Ende werden die Wolken mit einem Loch versehen, der Faden wird durchgefädelt, verknotet und an dem Zweig befestigt. Der Zweig wird an die Zimmerdecke gehängt. Die notierten Herausforderungen geben Hinweise auf mögliche weitere gemeinsame Aktionen mit der Gruppe.

Was mag ich – was mag ich nicht?

Menschenkinder sind ganz unterschiedlich und das ist wunderbar so! Dies zu entdecken und zu respektieren, jeden so zu nehmen, wie er oder sie ist, erleichtert das Leben und hilft, zur eigenen Meinung zu stehen und dem anderen seine Meinung zu lassen.

Alter: ab 4 Jahren
Material: 2 große Blätter, Stift

Die Spielleitung schreibt auf das eine Blatt, „Was mag ich?" und auf das andere „Was mag ich nicht?" Für Kinder, die nicht lesen können, malt sie jeweils ein lächelndes und ein abweisendes Gesicht daneben. Die Kinder äußern sich reihum dazu und die Spielleitung schreibt ihre Aussagen auf das jeweilige Blatt. Auf den Listen kann stehen, was das Kind z. B. gerne isst, was nicht, was es gerne macht, was nicht. Je bunter die Einfälle, desto besser. Das Interessante ist, dass gleiche Nennungen auf beiden Listen stehen können. Die Listen werden im Zimmer aufgehängt und können auch später noch ergänzt werden.

Variante für jüngere Kinder
Die Kinder malen ihre Einfälle zu dem Geschriebenen.

Mut, anderen zu vertrauen

Mut gelingt leicht, wenn andere uns dabei helfen. Voraussetzung dafür ist, dass wir anderen Menschen vertrauen. Klingt paradox – ist aber so!

- **Blind die Gasse entlang**

Alter: ab 4 Jahren
Material: 1 Tuch oder Augenbinde

Die Kinder bilden eine Gasse. Ein mutiges Kind lässt sich die Augen verbinden – und geht blind die Gasse entlang. Die Gasse verändert sich behutsam, darf das Kind dabei aber nicht in die Irre führen. Hierbei hilft die Spielleitung. Hat das Kind die Herausforderung gemeistert, nimmt es die Augenbinde ab und die anderen zollen Respekt mit Applaus. Wer ist als nächster so mutig?

- **Mut, sich tragen zu lassen**

Alter: ab 6 Jahren

Ein mutiges Kind legt sich auf den Boden und schließt die Augen. Die anderen stellen sich drum herum. Die Spielleitung erklärt, dass das liegende Kind von allen ganz leicht getragen werden kann, wenn jeder verantwortlich mitmacht. Die Kinder knien sich hin und stellen den rechten Fuß nach vorne. So haben sie, wenn sie langsam aufstehen, einen sicheren Stand. Jeder greift nun unter den Körper des liegenden Kindes und sucht die Hände seines Gegenübers. Wenn alle die Hand eines anderen gefunden haben, kommen sie nach oben zum Stand. Sie wiegen das Kind leicht hin und her. Auf ein Kommando kommen sie wieder langsam nach unten, um das Kind behutsam auf den Boden zu legen. Die Spielleitung begleitet jede Phase des Tragens. Das Kind erzählt allen, wie es war. Und weiter geht es mit einem nächsten mutigen Kind.

- **Mut, sich fallen zu lassen**

Alter: ab 6 Jahren

Die Spielleitung steht im Ausfallschritt mit beiden Händen nach vorne. Sie demonstriert an einem besonders mutigen Kind, wie sich dieses nach hinten zu ihr fallen lassen kann und sicher aufgefangen wird. Wichtig ist dabei die Körperspannung, das Kind muss sich ganz steif machen. Alle Kinder stellen sich Schulter an Schulter im Kreis auf, stehen eng im Ausfallschritt und strecken die Hände nach vorne. Ein mutiges Kind geht in die Mitte, schließt die Augen und lässt sich unter Körperspannung nach hinten fallen. Wer das Kind auffängt, nimmt es behutsam auf und reicht es gegenüber oder nebenan weiter.

- **Mut zu springen**

Alter: ab 8 Jahren
Material: 1 stabiler Tisch, Turnmatten
Vorbereitung: Die Turnmatten vor den Tisch auf den Boden legen

Die Kinder bilden vor dem Tisch auf den Matten eine Gasse. Jedes Kind hält sein Gegenüber an beiden Händen. Ein mutiges Kind stellt sich auf den Tisch, spannt den Körper an und lässt sich fallen. Die Gruppe fängt das Kind sicher auf.

Variante für jüngere Kinder
Die Kinder springen mit Handhaltung der Spielleitung vom Tisch auf die Turnmatten.

- **Mut zu fliegen**

Alter: ab 6 Jahren
Material: Turnmatten

Die Spielleitung macht diese Übung zuerst vor: Sie legt sich auf den Rücken, winkelt die Beine an. Ein mutiges Kind reicht ihr die Hände und hält Körperspannung. Die Spielleitung lehnt ihre Füße an den Bauch des Kindes, nun kann sie das Kind zu sich ziehen, bis es parallel zum Boden auf ihren Füßen liegt. Liegt das Kind sicher auf den Füßen, lösen beide die Hände und das Kind streckt seine Arme seitlich zum Flieger aus. Ist die Herausforderung gelungen, probieren es die anderen Kinder nacheinander paarweise genauso. Die Spielleitung gibt Hilfestellung.

- **Mut, sich zu zeigen**

Alter: ab 4 Jahren
Material: evtl. Verkleidung

Es ist gar nicht so einfach, die Hauptrolle zu spielen, wenn alle zugucken. Eine Übung dazu ist das bewusste Gehen vor einer Gruppe. Also Mutige vor! Jeder geht nacheinander durch das Zimmer und achtet darauf, dass er dabei den ganzen Raum bewusst „ausfüllt". Hat er die Herausforderungen bestanden, applaudiert die Menge.

Variante für jüngere Kinder
Bei Jüngeren können wir das Gehen in eine Modenschau verpacken (s. Himmlische Festkleider S. 88).

- **Einfache Pantomime**

Alter: ab 4 Jahren

Die Kinder sitzen im Kreis, ein mutiges Kind beginnt. Es flüstert der Spielleitung ins Ohr, was es pantomimisch vorspielen will, damit sie bei der Umsetzung behilflich sein kann, und dann fängt es an. Themen können sein:
- Tiere
- Tätigkeiten
- Berufe

- **Mut zum eigenen Gefühl**

Es freut Mutengel, wenn wir unsere Gefühle äußern. Um diese Fähigkeit ins Bewusstsein zu bringen, eignet sich folgendes Spiel.

Alter: ab 6 Jahren
Material: großes Papier, Stift, Zeigestock

Die Kinder sitzen im Kreis und nennen Gefühle, die sie kennen. Dann überlegen sie gemeinsam, wie sie das eine oder andere Gefühl pantomimisch zeigen könnte. Zum Schluss einigen sie sich, mit welchem Smiley welches Gefühl am besten ausgedrückt werden kann.

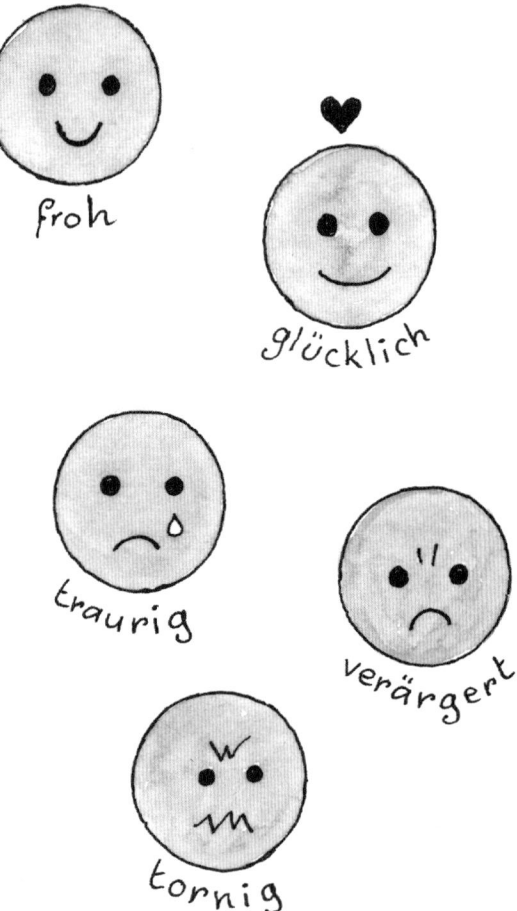

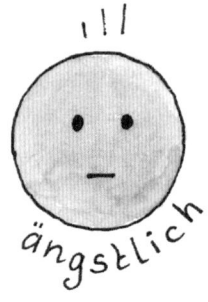

Auf unbekannten Wegen

Mutengel begleiten uns auf allen Lebenswegen. Manchmal müssen wir dabei auf andere Menschen vertrauen, manchmal müssen wir uns überwinden, etwas zu tun, manchmal müssen wir etwas fragen, manchmal auch um etwas bitten.

- **Blindenspaziergang**

Alter: ab 4 Jahren
Material: Augenbinden

Die Kinder gehen paarweise zusammen. Ein Kind lässt sich die Augen verbinden, das andere führt es vorsichtig auf unbekannten Wegen. Nach einer Weile wird gewechselt und im Rollentausch geht es zurück zum Start.

- **Seil hochklettern**

Alter: ab 4 Jahren
Material: 1 dickes Seil
Ort: im Wald

Die Gruppe macht einen Spaziergang im Wald. Die Spielleitung nimmt für den Weg ein dickes Seil mit und sucht einen geeigneten Ast an einem Baum. Sie schlingt das Seil um den Ast herum, sichert es mit einer Schlaufe und prüft nochmal die Sicherheit des Seiles. Nun können die Kinder ihren Mut beweisen, indem sie das Seil hinaufklettern.

Variante für jüngere Kinder
Bei jüngeren Kindern hält die Spielleitung das Seil fest, damit es beim Klettern stramm bleibt.

- **Über einen Bach springen**

Alter: ab 6 Jahren
Ort: an einem Bach

An geeigneter Stelle lässt die Spielleitung die Kinder über einen Bach springen. Dabei gibt sie Hilfestellung.

- **Einen Baumstamm entlang balancieren**

Alter: ab 4 Jahren
Ort: im Wald oder in einem freien Gelände

An geeigneter Stelle balancieren die Kinder über einen Baumstamm. Wer sich nicht alleine traut, muss nur den Mut aufbringen, um eine helfende Hand zu bitten. Das ist alles.

- **Nachtwanderung**

Alter: ab 6 Jahren
Ort: im Wald

Gemeinsam durch den dunklen Wald zu laufen war schon immer eine besondere Herausforderung nicht nur für Kinder. Jeder überwindet dabei persönlich seine Furcht im Dunkeln. Gleichzeitig lässt diese Aktion die Gruppe zusammenwachsen, denn „gemeinsam sind wir stark". Die Spielleitung organisiert eine solche Wanderung nach den örtlichen Bedingungen.

- **Mut, etwas zu fragen**

Alter: ab 6 Jahren

Manchmal, vor allem wenn wir irgendwo fremd sind, müssen wir andere fragen, wie es weitergeht, sind wir auf andere angewiesen. Egal, ob wir nach einer Straße fragen, ob wir fragen, wie ein Fahrscheinautomat funktioniert oder welche Bahn uns an den Zielort bringt.
Die Spielleitung organisiert eine kleine Stadtrally, bei der Straßennamen oder öffentliche Gebäude erfragt werden müssen. Jedes Kind ist einmal dran, sich nach dem weiteren Weg zu erkundigen.

- **Mut, um etwas zu bitten – Mut, nein zu sagen**

Um etwas zu bitten ist anscheinend die schwierigste Herausforderung der Mutengel. Manche Erwachsene haben das noch nicht gelernt! Manche Menschen kostet es eine unglaubliche Überwindung, andere um etwas zu bitten. Doch das Schlimmste, was passieren kann, ist schlichtweg, dass jemand nein sagt – und auch das ist in Ordnung.

Alter: ab 6 Jahren

Die Kinder sitzen im Kreis. Die Spielleitung beginnt das Spiel, indem sie ein Kind aus dem Kreis um einen Gefallen bittet, z.B. ein Taschentuch zu holen. Dieses Kind darf dann ein nächstes Kind um einen Gefallen bitten.
Dabei darf ein Kind auch ablehnen und den Gefallen nicht erfüllen, indem es sagt: „Nein, das möchte ich nicht machen." Dieses Kind fährt dann fort mit dem Spiel und bittet ein nächstes Kind um einen Gefallen.
Nach einer Weile besprechen alle miteinander, wie es sich angefühlt hat, „Ja" bzw. „Nein" zu sagen.

Der Michaelsorden. Der Orden der roten Ritter des Mutes

Wer es ganz üppig haben will, spielt alle genann-
ten Mutspiele mit Verkleidung und Tamtam an
einem Projekttag oder an einem Kindergeburts-
tag auf einmal.

Rittertunika

Alter: ab 4 Jahren (mit Hilfe von Erwachsenen)
Material: rote Stoffbahnen (z.B. alte Vorhänge),
Schere, rote Geschenkbänder, Nähmaschine,
Bleistift, Fotokarton, Schere, weiße und blaue
Dispersionsfarbe, Malunterlage (z.B. Zeitung),
Pinsel

- Die Spielleitung schneidet die roten Stoffbahnen ca. 40 x 100 cm (je nach Körpergröße der
  Kinder) zu.

- In die Mitte des Stoffes einen Halsausschnitt
  schneiden.
- An Vorder- und Rückseite rechts und links je-
  weils an den Seiten rote Geschenkbänder von
  20 cm Länge als Schließe annähen.
- Die Tunika auf die Malunterlage legen.
- Aus Fotokarton eine Schablone des Schwer-
  tes anfertigen.
- Jedes Kind legt die Schablone auf die Vor-
  derseite seiner Tunika und umrandet sie mit
  Bleistift.
- Mit weißer und blauer Dispersionsfarbe das
  „Flammenschwert" ausmalen.

Nach dem Trocknen werfen die roten Ritter des
Mutes ihre Tunika über.

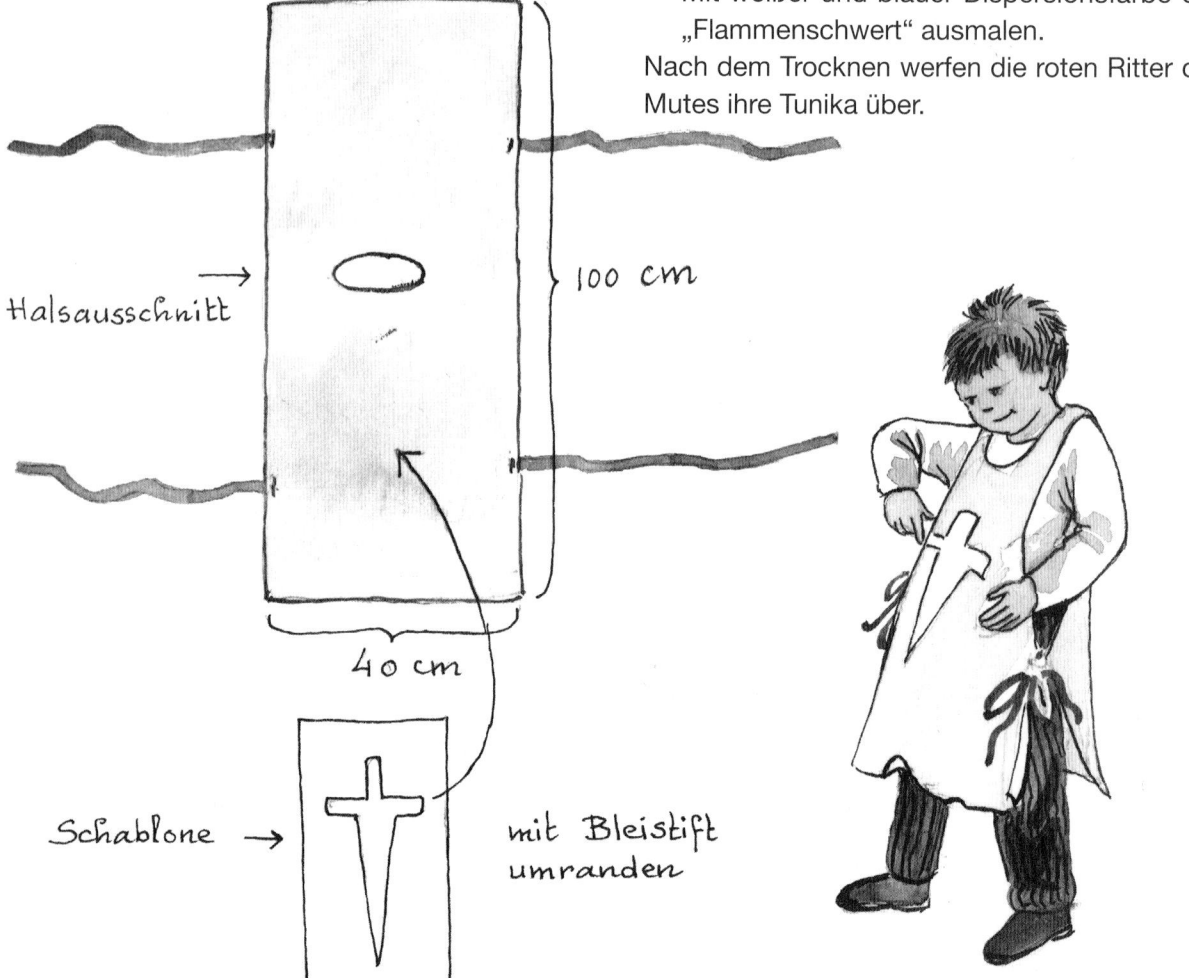

Halsausschnitt

100 cm

40 cm

Schablone →

mit Bleistift
umranden

Ritterliche Stuhlrunde

Alter: ab 4 Jahren (mit Hilfe von Erwachsenen)
Material: Kartons, Teppichmesser, rote Dispersionsfarbe, Pinsel, Blumendraht, Stühle

- Aus den Kartonagen ritterliche Stuhllehnen ausschneiden.
- Die Stuhllehnen mit roter Farbe bemalen.

- Nach dem Trocknen mit Blumendraht kleine Löcher bohren, den Blumendraht durchfädeln und damit Rückenlehne und Stuhl verbinden.
- Die fertigen Ritterstühle zu einer Runde stellen.

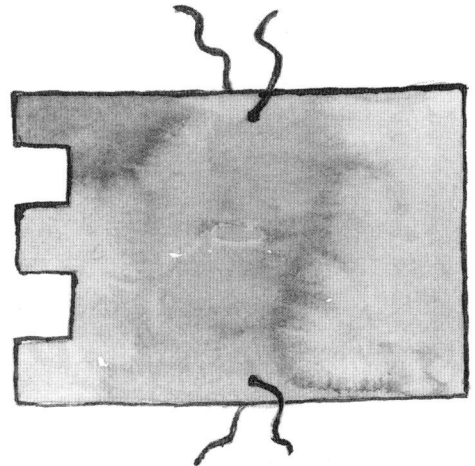

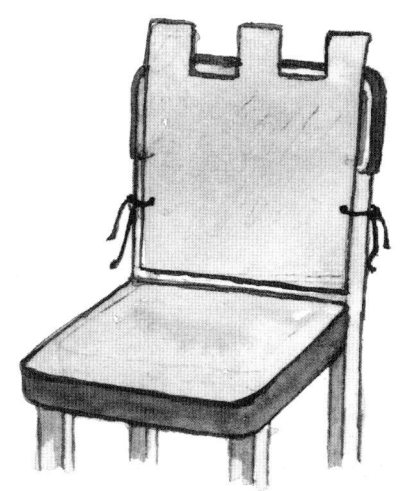

Gründung des Ritterordens

Die Jungritter versammeln sich gewandet in ritterlicher Stuhlrunde. Die Spielleitung verkündet die ritterlichen Mut-Tugenden des Ordens:

„Wer diesem Ritterorden beitritt, verpflichtet sich, folgende Tugenden in Exerzitien zu üben."
Dabei lässt die Spielleitung mit einfließen, was in der Gruppe gerade Thema ist.

- Mut, anderen zu helfen
- Mut, zum Wohle aller zu handeln
- Mut, zu seiner eigenen Meinung zu stehen
- Mut, anderen zu vertrauen
- Mut, sich selbst Schwächen zuzugestehen
- Mut, für Gerechtigkeit einzustehen
- Mut, etwas zu erbitten

Danach folgen die Mutengelspiele als ritterliche Exerzitien. Die Spielleitung entscheidet, was zu den Gegebenheiten passt. Hier alle Möglichkeiten auf einen Blick:

- Mut, den Mund aufzumachen: „Die Seelenkammer" (s. S. 97), „Was mag ich – was mag ich nicht?" (s. S. 98)
- Mut, anderen zu vertrauen: „Blind die Gasse entlang" (s. S. 98), „Mut, sich tragen zu lassen" (s. S. 98), „Mut, sich fallen zu lassen" (s. S. 99), „Mut zu springen" (s. S. 99), „Mut zu fliegen" (s. S. 99)
- Mut, sich zu zeigen: „Einfache Pantomime" (s. S. 99), „Mut zum eigenen Gefühl" (s. S. 100).

Nach einem zünftigen Mittagessen geht es hinaus in Feld und Flur mit weiteren Spielen:
- Mut auf unbekannten Wegen: „Blindenspaziergang" (s. S. 100), „Seil hochklettern" (s. S. 100), „Über einen Bach springen" (s. S. 101). „Einen Baumstamm entlang balancieren" (s. S. 101), „Mut, etwas zu fragen" (s. S. 101), „Mut, um etwas zu bitten – Mut, nein zu sagen" (s. S. 101)
- Zum Abschluss: Nachtwanderung (s. S. 101).

Verleihung des Ritterordens

Alter: ab 4 Jahren
Material: Urkunde auf rotem Kopierpapier

Am Ende der gesamten Spielekette bekommt jeder Ritter die Urkunde des Michaelsordens verliehen und ist damit in den Ritterorden aufgenommen. Jedem Kind wir dabei noch eine passende individuelle Tugend bzw. persönliche Stärke mit auf den Weg gegeben, z. B. Herzlichkeit, Forschergeist, Kreativität (s. alle Tugenden aus allen Kapiteln).

Die Spielleitung verliest den Namen und die besondere Tugend des Kindes, und sagt z.B. „Hiermit verleihe ich dir, Verena, Ritterin der Herzlichkeit, feierlich den Ritterorden, da du alle Exerzitien des Ordens mutig absolviert hast." Daraufhin nimmt das Kind den Ritterorden entgegen und antwortet mit folgendem Mutspruch:

Ich wünsch mir, dass ich mutig bin
und über meinen Schatten spring,
einsteh für meine Wahrheit
mit Tapferkeit und Klarheit.

Michaelsorden
Orden der roten Ritter des Mutes
Hiermit verleihen wir dir

*

feierlich den Ritterorden,
da du alle Exerzitien des Ordens
mutig absolviert hast.

Der ganze Engelreigen

Jetzt geht es rund mit den Engeln, denn im Engelreigen sind alle vereint. Die nachfolgenden Spielaktionen und Projekte können als Abschlussaktion noch einmal durch das Buch führen oder auch als Einstieg dienen. Um alle Engel zu zeigen und damit die Kinder auf die Auswahl der Spiele selbst Einfluss nehmen können, ist die Grundlage der Spielaktion ein selbst gestaltetes Engelkartenset (s. unten), bei dem jeder der im Buch beschriebenen Engel Bote für drei Tugenden ist.

Die Engelkarten

Herstellung der Engelkarten

Alter: ab 4 Jahren
Material: starker Fotokarton in einer freundlichen Farbe, Klebesternchen, Schneidegerät
Vorbereitung: Die Kartenvorlagen auf Fotokarton kopieren und mit einem Schneidegerät das Blatt exakt an den Linien in gleich große Karten schneiden.

Die Kinder verzieren die Karten auf der Rückseite mit Klebesternchen.

Schutz	Geborgenheit	Begleitung
Wahrnehmung	Wissen	Klarheit
Mitgefühl	Liebe	Dankbarkeit
Gesundheit	Trost	Reinigung
Begeisterung	Ideenreichtum	Lösung
Tatkraft	Begabung	Tülle
Humor	Spiel	Schönheit
Wahrheit	Wille	Verantwortung

Spiel mit den Engelkarten

Material: Engelkartenset (s. S. 105), (Silber-) Tablett o. Ä.

Die Spielleitung breitet das Engelkartenset mit der Schriftseite nach oben auf dem Tablett aus. Jedes Kind darf eine Karte ziehen. Gemeinsam finden die Kinder mit Unterstützung der Spielleitung heraus, um welchen jeweiligen Engel es sich handelt (Schutzengel, Kopfengel, Herzengel, Heilungsengel, Engel der Kreativität, Kraftengel, Engel der Leichtigkeit, Mutengel). Auf diese Weise werden die Kinder spielerisch vertraut mit den Engeln im Buch.

Die Kinder legen die Karten mit der Schriftseite nach unten auf das Tablett und mischen sie tüchtig durch. Das erste Kind deckt eine Karte auf. Die Kinder klären zuerst mithilfe der Spielleitung, um welchen Engel es sich handelt. Die Spielleitung liest bei Nichtlesern die beschriebene Tu-gend des Engels vor, z.B. Dankbarkeit beim Herzengel. Gemeinsam „philosophieren" nun die Kinder etwa darüber, was Dankbarkeit mit dem Herzen zu tun hat. Vielleicht werden Assoziationen zu Muttertag oder Vatertag geweckt, was auch immer. Die Spielleitung moderiert das Gespräch, damit den Kindern die noch recht abstrakten Begriffe verständlich werden.

Danach darf sich das Kind, das die Karte gezogen hat, ein Spiel des auf der Karte befindlichen Engels ziehen. Dieses Spiel wird dann gemeinsam mit den anderen gespielt.

Varianten

Die Engelkarten können ganz unterschiedlich eingesetzt werden. Ob ein Spielenachmittag zum Thema Engel stattfindet, ob sie beim Geburtstag als himmlisches Orakel dienen oder als Adventskalender, die Karten sind ganz unterschiedlich zu verwenden.

Spielenachmittag und Engelgeburtstag

Spielenachmittag

Die Spielleitung richtet den Raum (s. S. 10 und S. 87) und hält pro himmlischen Boten neben den Geschichten und Fantasiereisen ein vorbereitetes Spiel zum jeweiligen Thema bereit. Ferner kann pro Kind ein Getränk gereicht werden (s. S. 88). Pro Spielnachmittag können maximal acht Kinder eine Karte ziehen. Sind es mehr Kinder, dürfen die anderen beim nächsten „Engelreigen" Karten ziehen. Die Spielleitung achtet während des Spiels mit den Engelkarten sorgfältig darauf, dass sich vor der Abfolge des „Engelreigens" ruhige und bewegte Aktionen abwechseln.

Als Einstieg ins Thema eignet sich die Geschichte „Gedrängel auf der Himmelsleiter" (s. S. 7). Danach werden die Engelkarten in der Kreismitte ausgebreitet und ein Kind darf mit dem Engelreigen beginnen. Die Spielleitung klärt mit den Kindern in einem einleitenden Gespräch die Bedeutung der gezogenen Karte.
Danach eignen sich folgende Spiele und Aktionen, wobei die Spielleitung sich am besten jeweils für ein Spiel pro Engel entscheidet, um nicht zu viel Material bereithalten zu müssen.

- Wird eine **Schutzengelkarte** gezogen, eignen sich: „Ein Schutzengel macht sich bereit" (s. S. 14), die Fantasiereise „Wie sieht er aus, dein Schutzengel?" (s. S. 15, dafür Verkleidungssachen und Kamera bereithalten), „Ein Passbild vom Schutzengel" (s. S. 15) und als relativ einfache Aktion der „Hosentaschenengel" (s. S. 21, Flusskiesel und Goldstift bereithalten)
- Bei einer **Kopfengelkarte** eignen sich: „Der Hausaufgabenengel" (s. S. 25), die Fantasiereise „Frische Brise fürs Gehirnstübchen (s. S. 26), „Den Engel in uns erkennen" (s. S. 32),

mit ein wenig Minzöl „Dachluke säubern" (s. S. 27), mit „himmlischen" Instrumenten aus dem eigenen Fundus „Engelsklänge hören" (s. S. 28), mit wohlduftenden Essenzen „Engelsdüfte riechen" (s. S. 28), mit Prismen die Aktion „Himmlisches Licht durch Prismen" (s. S. 29) und das Spiel „Von Engeln berühren lassen" (s. S. 33).
- Wird eine **Herzengelkarte** gezogen, eignet sich für den Spielkreis: „Zwei Blumen am Wegesrand (s. S. 39), „Herzakku aufladen" (s. S. 40), „Herzballon aufblasen" (s. S. 38), „Wenn Herzen vor Freude tanzen" (s. S. 38), „Lieb an jemanden denken" (s. S. 44) und mit Papier und Stift „Herzensdinge sammeln" (s. S. 45).
- Bei einer **Heilungsengelkarte** kommen folgende Aktionen in Frage: „Krank feiern" (s. S. 50), die Fantasiereise „Heilkreis" (s. S. 51), „Heilgymnastik – Die fünf Tibeter für Kinder" (s. S. 54), „Heilende Hände" (s. S. 56), „Heilende Essenzen" (s. S. 57) und „Heilsteine" (s. S. 57).
- Wird eine Karte aus der Abteilung **Engel der Kreativität** gezogen, eignet sich die Geschichte „Die Engelkonferenz" (s. S. 62), gehen die Kinder mit Stift und Papier in die „Schreibwerkstatt" (s. S. 63), mit Papier und Stift zum „Engel malen" (s. S. 64) oder sind „In der Lösungswerkstatt" (s. S. 68).
- Wird eine **Kraftengelkarte** gezogen, eignet sich die Vorlesegeschichte „Schmächtig, aber mächtig kräftig" (s. S. 72), die Fantasiereise „Die Sonne in uns" (s. S. 73), mit Fotokarton und Stiften „Ausstrahlung" (s. S. 74), „Lebenskraft spüren – Kraft verleiht Flügel" (s. S. 76), „Gemeinsam sind wir stark" (s. S. 77), mit einem dicken Seil „Tauziehen" (s. S. 77), „Armdrücken" (s. S. 77), „Raum nehmen" (s. S. 79) oder „Ich kann etwas" (s. S. 79).

- Wird eine Karte aus der Abteilung **Engel der Leichtigkeit** gezogen, eignet sich die Geschichte „Take it easy" (s. S. 84), die Fantasiereise „Leichter als Luft" (s. S. 85) sowie die Spiele „Himmelsschlüssel verloren" (s. S. 91), mit ein paar Kissen und Decken „Wolkenhüpfen" (s. S. 91), „Himmelsleiter rauf und runter" (s. S. 92) und als ruhige Aktion „Sorgenpäckchen abgeben" (s. S. 86). Als Abschluss eignen sich „Engel erraten" (s. S. 90) oder ein Tanz wie „Himmlischer Reigen" (s. S. 90) oder „Leichtfüßiger Partytanz" (s. S. 90).

- Wird eine **Mutengelkarte** gezogen, gibt es zur Auswahl die Geschichte „Die Einladung" (s. S. 96) sowie die Mutengelspiele „Die Seelenkammer" mit vorbereitetem Fotokarton (s. S. 97), „Was mag ich – was mag ich nicht?" (s. S. 98), „Blind die Gasse entlang" (s. S. 98), „Mut, sich tragen zu lassen" (s. S. 98), „Mut, sich fallen zu lassen" (s. S. 99), „Mut zu springen" (s. S. 99), „Mut zu fliegen" (s. S. 99), „Mut sich zu zeigen" (s. S. 99) und „Mut zum eigenen Gefühl" (s. S. 100).

Kleines Ritual für Geburtstagskinder

Für das Geburtstagskind wird die Kreismitte mit Geburtstagskerze und den ausgebreiteten Engelkarten auf einem Silbertablett gestaltet (s. S. 109). Nach dem Geburtstagslied darf das Kind eine Karte ziehen. Die Spielleitung erklärt die Bedeutung der Karte und sagt z.B.:
„Liebes Geburtstagskind, die Engel wünschen dir alles Gute zum Geburtstag. Für das nächste Jahr stehen dir besonders die … (entsprechende Engel) zur Verfügung. Sie wünschen dir ganz viel … (Bedeutung der Karte)." Das Geburtstagskind darf sich jetzt ein Spiel aus dem Buch zum entsprechenden Engel wünschen. Außerdem hat es drei Wünsche, die man sich nicht kaufen kann, frei. Diese Wünsche behält das Kind für sich, sonst können die Engel sie gar nicht erfüllen.

Engel in der Kunst

Vor einem Bastelnachmittag rund um Engel schnüffeln sich die Kinder per Engelkarten durch das Buch, um herauszufinden, was sie gerne basteln würden. Ein Bastelnachmittag eignet sich für die Weihnachtszeit, kann aber auch mitten im Jahr in eine Ausstellung zum Thema Engel münden.

Im Folgenden finden Sie geeignete Bastelvorschläge rund um den Engelreigen, die in Einzel- oder Gruppenarbeit gefertigt werden können. Als Einstieg ins Thema eignen sich die „Himmelsleiter" (s. S. 8/9) und das „Engelmobile" (s. S. 18).

- **Schutzengel:** „Ein Passbild vom Schutzengel" (s. S. 15), „Ein Himmelbett für süße Bengel" (s. S. 16), „Himmlischer Wandbehang" (s. S. 17), „Schutzengel und Schutzbären" (s. S. 18) und „Hosentaschenengel" (s. S. 21)
- **Kopfengel:** „Engel in Sternschnuppen und Sternen" (s. S. 31), „Engel auf Fotos" (s. S. 31), „Schneeengel" (auch als Fotoausstellung, s. S. 32), „Die Anwesenheit von Engeln betonen" (s. S. 33), „Platzreservierung für Engel" (s. S. 34), „Engelflügel aus erster Hand" (s. S. 34), „Blattgoldflügel" (s. S. 35) oder „Engelsfiguren" (s. S. 35)

- **Herzengel:** „Wärmeherzen schenken" (s. S. 43), „Beflügelte Kuschelherzen" (s. S. 43), „Herzbrillen" (s. S. 43)
- **Heilungsengel:** „Kräutertee" (s. S. 53), „Johanniskrautöl" (s. S. 53), „Heilende Essenzen" (s. S. 57), „Heilsteine" (s. S. 57), „Erstausstattung für kleine Rotkreuzengel" (s. S. 56)
- **Engel der Kreativität:** „Gedrängel auf der Himmelsleiter" (s. S. 7), „Engel malen" (s. S. 64) und „Perspektiv" (s. S. 65)
- **Kraftengel:** eine Performance zur Fantasiereise „Stark wie ein Baum" (s. S. 80), „In die eigene Kraft kommen" (s. S. 76) „Tauziehen" (s. S. 77), „Armdrücken" (s. S. 77)
- **Engel der Leichtigkeit:** „Himmlische Festkleider" (s. S. 88) als Modenschau oder Kunstobjekte, „Manna-Himmelsspeise" (s. S. 88) zur Verköstigung der Gäste bei einer Ausstellung, „Himmlischer Reigen" (s. S. 90) und „Leichtfüßiger Partytanz" (s. S. 90) als Performance bei einer Ausstellung
- **Mutengel:** für eine Ausstellung die „Rittertunika" (s. S. 102), die „Ritterliche Stuhlrunde" (s. S. 103) und „Gründung des Ritterordens" (s. S. 103)

Engel unterwegs

Den Engelreigen können die Kinder auch im Freien erleben. Die Spielleitung legt, bevor es rausgeht, fest, welche Spiele in Frage kommen, denn das hängt ab von der Wegführung und den dortigen Gegebenheiten. Diesmal kommen die Engelkarten nicht zum Einsatz, die Spielleitung erwähnt die entsprechenden Engel nur beim Spiel. Da nicht alle Engel in ihrem Kapitel Spiele und Aktionen vorweisen, werden andere Engelkapitel „beliehen".

- **Schutzengel** geben Schutz auf allen Wegen. Allerdings müssen wir ihnen behilflich sein bei ihrem Job, uns zu schützen. Die Spielleitung erklärt z. B. an einer Ampel, wie man den Schutzengeln hier helfen kann („bei Rot stehen, bei Grün gehen") oder wie Kinder sich vor dem Überqueren eines Zebrastreifens („erst rechts, dann links, dann geradeaus, dann kommst du sicher gut nach Haus") verhalten müssen. Außerdem kann hier das Spiel „Schutzengel spielen" (s. S. 21) gut zum Einsatz kommen.
- Bei den **Kopfengeln** bieten sich viele Spiele aus dem jeweiligen Kapitel an: „Himmlisches Licht im Wasser" (s. S. 29), „Himmlisches Licht durch geschlossene Lider" (s. S. 29), „Engel in Wolkenbildern" (s. S. 30), „Vogelengel" (s. S. 30), „Engel in Sternschnuppen" (s. S. 31) oder „Schneeengel" (s. S. 32), wenn es geschneit hat.
- Bei den **Herzengeln** können die Kinder Pflanzen in Herzform suchen, denn diese haben bestimmt einen Herzengel bei sich wohnen.
- Bei den **Heilungsengeln** sind alle Spiele unter „Elementare Muntermacher" (s. S. 52) geeignet.
- Die **Engel der Kreativität** sind behilflich bei „Engel auf Fotos" (s. S. 31) und auch bei „Engel in Sternen" (s. S. 31).
- Für die **Kraftengel** kann die Spielleitung „Kräfte messen" (s. S. 77) mit einem dickeren Ast als Spiel wählen.
- Die **Engel der Leichtigkeit** sind auch beteiligt bei den Spielen „Wie Engel fliegen" (s. S. 31) und für die Jüngeren bei „Engele, flieg!" (s. S. 31). „Himmelsleiter rauf und runter" (s. S. 92) kann auf dem Spielplatz gespielt werden.
- Bei den **Engeln des Mutes** kommen alle Mutengelspiele (s. S. 97) zum Einsatz.

Dank an alle Engel

Nun sind wir am Ende des Buches angelangt, darum gilt es nun allen Engeln ein großes Dankeschön auszusprechen für alles, was wir so erlebt und erfahren haben, während wir uns durch das Buch gespielt haben. Die Kinder sitzen im Kreis und jedes Kind sagt, bei welchem Engel es sich besonders bedanken möchte und warum. Ich persönlich möchte mich bei allen Engeln bedanken, die mich beim Schreiben unterstützt haben, besonders natürlich bei den Engel der Kreativität, die meinen Fingern oft Flügel verliehen haben, damit sie leicht über die Tastatur huschten. Ich danke meinem Telefonengel Elke für Rat und Tat, meinem Flötenengel Regine, die mich während der Produktion als Sachverständige in Glaubensfragen bestärkte und mir – Gott sei Dank – wenig Hausaufgaben erteilte, bei Sonja und den Kreativengeln Monika und Hans für ihren Segen auf höherer Ebene, bei allen Freunden und meiner Familie für ihre Geduld, wenn ich gerade wieder auf Wolke sieben unterwegs war, bei meinen Freunden Hartmut und Susanne für den himmlischen Tonträger zum Buch und, wie immer, Hilde, und Barbro, die mal eben

eingesprungen ist. Und natürlich bei Niki, der alles über Engel schon vorher wusste: „Engel haben blonde Locken, weiße Kleider und goldene Flügel und sie singen ganz viele Lieder …"

Engelreigen

Nr. 19

Text: Susanne Steffe
Musik: Günter Geisinger

Die Engel sagen auf Wiederhör'n mit einem himmlischen Reigen. Und sie spielen zum Abschied nun für euch auf göttlichen Geigen, tanzen um die Wolken herum, ach, könnt' ich's euch nur zeigen! Aber die Engel sind unsichtbar und wollen es auch bleiben.

Die Engel sagen auf Wiederhör'n
mit einem himmlischen Reigen.
Und sie spielen zum Abschied nun
für euch auf göttlichen Geigen,
tanzen um die Wolken herum,
ach, könnt' ich's euch nur zeigen!
Aber die Engel sind unsichtbar
und wollen es auch bleiben.

Die Mutengel tanzen voll Leidenschaft
mit den superstarken Engeln der Kraft.
Ein paar rosa Herzengel schunkeln dazu,
die der Ideen erfinden Schritte im Nu.
Den Kopfengeln fällt das Tanzen leicht,
es schweben die Engel der Leichtigkeit.
Die Schutzengel geben auf alle Acht,
ein Heilungsengel tanzt in die Nacht.

Die Engel sagen auf Wiederhör'n …

Anhang

Register

Spiele, Aktionen und Werkeleien, *Geschichten* und <u>Fantasiereisen</u>, Lieder und Tänze

Literaturverzeichnis

Riedel, Ingrid. Engel der Wandlung – Die Engelbilder Paul Klees. Herder-Verlag, Freiburg 2000

Schneider, Petra und Pieroth, Gerhard. Engel begleiten uns. Windpferd Verlagsgesellschaft, Oberstdorf, 2009

Ströter-Bender, Jutta. Engel, Ihre Stimme, ihr Duft, ihr Gewand. Kreuzverlag, Stuttgart, 1988

Außerdem habe ich den Brockhaus befragt, mich durch Wikipedia gezappt, in der Bibel geblättert, viele, viele Engelbücher durchstöbert, die Engelbilder von Paul Klee sind inspirierend für Kunst mit Kindern, den Rest hat mir wohl ein Engel diktiert ...

Die Autorin, die Illustratorin

Sybille Günther, Erzieherin, Diplom Sozialpädagogin, Spieldozentin und freiberufliche Autorin, lebt und arbeitet in Neckargemünd bei Heidelberg.
Bisher erschienen von ihr bei Ökotopia folgende Bücher:
Bei Zwergen, Elfen und Trollen · Das Wahrnehmungsspiele-Buch · Feuerwerk & Funkentanz · Geologie zum Anfassen für Kinder · Großes Einmaleins für kleine Zauberer und Hexen · Helau, Alaaf und gute Stimmung · Hereinspaziert – Manege frei! · Himmlische Zeiten für Kinder · Hoppla! Hip-Hop 4 Kids · iftah ya simsim · In Projekten spielend lernen · Kinderbauernhof Spektakel · Kinder, wir feiern Geburtstag · Klein und Groß im Kinderhaus · Krippenkinder begleiten, fördern, unterstützen · Lichterfeste · Ritterburg & Königsschloss · Snoezelen – Traumstunden für Kinder · Welcome to America · Willkommen im Kinder-Märchenland

Alles, was Sybille Günther schreibt, wendet sie auch an. So gibt sie Fortbildungen für LehrerInnen und ErzieherInnen und gestaltet lebendige Mitmachlesungen und Spielaktionen für Kinder.
www.sybille-guenther.de · post@sybille-guenther.de

Annie Meussen lebt und arbeitet in den Niederlanden. Bereits als junges Mädchen erhielt sie ihren ersten professionellen Unterricht von ihrem Vater. Seither hat sie sich vor allem in der Detailzeichnung weiterentwickelt. Nach der Schulzeit arbeitete Annie Meussen als Erzieherin mit kranken Kindern in einem der wenigen Krankenhäuser, an die auch eine Schule angegliedert war. Seit 1990 ist sie selbstständige Illustratorin von Kinderbüchern, Postkarten und Kalendern.
Für den Ökotopia Verlag illustrierte Annie Meussen folgende Bücher:
Santa, Sinter, Joulupukki · Käfer, Katze und Kaninchen · Streicheln, Spüren, Selbstvertrauen · Englische Bewegungshits · Feste feiern und gestalten rund um die Jahresuhr · Ganzheitliche Entspannungstechniken für Kinder · Bewegung mit Musik macht Kinder stark · Das Kinderyoga-Spielebuch

CD ... und dazu der Tonträger von Hartmut E. Höfele ⌐

Schutzengel sind überall

Ein himmlisches Hörvergnügen:
engelsgleiche Lieder zum Mitsingen, Träumen und Abheben

Auf dieser liebevoll produzierten CD finden sich zehn zauberhaft schöne Engels-Lieder. Sie erzählen von acht Engeln, die den Menschenkindern auf ihre ganz besondere Art und Weise Unterstützung zukommen lassen: Neben dem bekannten Schutzengel gibt es den Kraftengel, den Engel der Kreativität, den Heilungsengel, den Mut-Engel, Kopfengel, Herzengel und den Engel der Leichtigkeit. Die Lieder unterstreichen die Charakteristika dieser Engel-Figuren in Text und Melodie auf einfühlsame Weise.

Alle Songs sind mit einem vielfältigen Instrumentarium sorgfältig eingespielt. Die Autorinnen Sybille Ruisinger und Susanne Steffe haben dazu himmlisch schöne Liedtexte und poetische Zwischenmoderationen getextet, die zum Mitsingen und Nachdenken anregen. Die Musiker-Crew verleiht den Liedern Flügel und der Musikproduzent und Kinderliedermacher Hartmut E. Höfele sorgt für professionellen Sound.

Herausgekommen ist eine gefühlvolle CD-Produktion mit Augenzwinkern für alle kleinen und großen Engel-Liebhaber und solche, die es werden wollen.

ISBN 978-3-86702-187-6

Kinder begeistern ...
mit Liedern, Tänzen und Geschichten aus dem Ökotopia Verlag

Kinder einer Welt
Die schönsten Kinderlieder aus aller Welt

Eine musikalische Weltreise für Groß und Klein! Landestypische Instrumente, vielfältige Rhythmen und ungewohnte Melodien führen akustisch auf die Spuren anderer Kulturen und wecken auf spielerische Weise kindlichen Entdeckergeist.
ISBN (CD): 978-3-936286-91-5

Kinder kommen zur Ruhe
Die schönsten Melodien zum Entspannen, Einschlafen und Träumen

Entspannungsmusiken für Kinder stimmig zusammengestellt. Sie sind fast alle instrumental produziert, können also einfach zur Ruhe gehört werden. Eine Anleitung im Booklet gibt zusätzliche Anregungen.
ISBN (CD) 978-3-936286-92-2

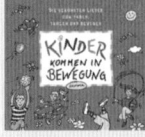

Kinder kommen in Bewegung
Die schönsten Lieder zum Toben, Tanzen und Bewegen

Eine bunte Zusammenstellung der schönsten Bewegungslieder. Nicht nur in Kita und Grundschule, sondern auch im Kinderzimmer darf laut gesungen, wild getanzt, gehüpft und gesprungen werden!
ISBN (CD): 978-3-86702-009-1

Kinder kommen in Stimmung
Die schönsten Lieder zum Feiern, Bewegen und Ausgelassensein

Eine beschwingte Sammlung von Partyknüllern: Lieder, die schnell mitgesungen werden, Lieder zu bestimmten Anlässen, Spiellieder oder Lieder zum Tanzen, sich Bewegen und Rappen und viele mehr.
ISBN (CD): 978-3-86702-024-4

Lieder für kleine Kinder
Die schönsten Lieder für die Kleinsten

Eine wunderschöne Zusammenstellung für jeden Anlass. Einfache Texte und kindgerechte Arrangements motivieren die Kleinsten zum Mitmachen und Bewegen.

ISBN (CD) 978-3-86702-091-6

Adventszeit im Stuhlkreis
Die schönsten Kinderlieder zur Weihnachtszeit

Für die CD wurden die schönsten Adventslieder verschiedener Ökotopia-Produktionen ausgewählt.
ISBN (CD) 978-3-86702-162-3

Und dazu das Buch **Im Stuhlkreis die Adventszeit erleben**
ISBN (Buch) 978-3-86702-159-3

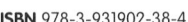

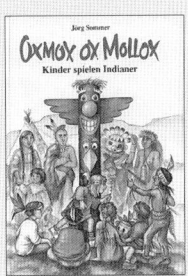

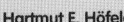